丛书主编◎杨德军 朱传世

让创造像呼吸一样自然

北京市东城区黑芝麻胡同小学遨游计划成果

吴 健◎主编

北京师范大学出版集团
BEIJING NORMAL UNIVERSITY PUBLISHING GROUP
北京师范大学出版社

图书在版编目(CIP)数据

让创造像呼吸一样自然：北京市东城区黑芝麻胡同小学遨游计划成果/吴健主编．—北京 ：北京师范大学出版社，2020.4
ISBN 978-7-303-25429-3

Ⅰ.①让… Ⅱ.①吴… Ⅲ.①小学教育—教育研究—成果—汇编—东城区Ⅳ.①G622.0

中国版本图书馆 CIP 数据核字(2019)第 298257 号

营销中心电话 010-58802135 010-58802786
北师大出版社教师教育分社微信公众号 京师教师教育

出版发行：北京师范大学出版社 www.bnup.com
北京市西城区新街口外大街 12-3 号
邮政编码：100088
印　　刷：保定市中画美凯印刷有限公司
经　　销：全国新华书店
开　　本：710 mm×1000 mm 1/16
印　　张：15
字　　数：220 千字
版　　次：2020 年 4 月第 1 版
印　　次：2020 年 4 月第 1 次印刷
定　　价：55.00 元

策划编辑：冯谦益　　责任编辑：马力敏　孟　浩
美术编辑：焦　丽　　装帧设计：焦　丽
责任校对：康　悦　　责任印制：马　洁

『遨游计划』首都课程创新丛书

丛书编委会

本书编委会

主　　编：吴　健

编　　委：杨　毅　李东林　张　颖　郑　颖
王爱华　朱立新　邓　亮　姚　祺
姚素丽

总序

ZONGXU

我国自2001年进入新一轮课程改革，到2010年课程改革10年反思之际，教育、课程、教学等方面的新老问题被聚焦。这些问题主要包括：学校课程供给的低效、单一、有限与家长、学生对于课程的高效、多元、多样化的需求之间存在矛盾；学校“教育—课程—教学—评价—管理”各环节之间互不搭界；学校育人模式单一且德学分治；学校层面和教师层面成为深化基础教育课程领域综合改革的瓶颈；学生课业负担重，学习效率低，学习效果差；学校课程建设体制机制僵化。

这些问题既有整体性的和全局性的，也有具体环节与要素层面的。如果简单地按照“头痛医头、脚痛医脚”的原则处理，可能会出现“按下葫芦浮起瓢”的局面。这就需要找到一个抓手，能“抓住一点遍及其余”，具有“牵一发而动全身”的功效。2010年7月29日备受关注的《国家中长期教育改革和发展规划纲要(2010—2020年)》正式发布，为我国教育改革提供了方向与依据。为落实纲要精神，促进首都基础教育公平、优质、创新、开放地发展，进一步提高首都基础教育现代化水平，结合创新型国家和世界城市建设的需要，2012年在北京市教育委员会(简称北京市教委)基础教育二处的统筹下，国家教育体制改革项目——部分中小学承担的课程建设研究项目启动。项目组选定了15所小学、12所中学、1 所九年制学校共 28 所实验校开展前期研究和实践探索。

为深化此项研究，推进基础教育综合改革，进一步激发学校自主发展的活力，2013 年，项目组在 28 所实验校的基础上扩大实验范围，增至 41 所，正式将项目命名为“北京市中小学课程创新实验——遨游计划”项目(简称“遨游计划”项目)。自此，“遨游计划”项目的基本宗旨也确立下来，即以“义务教育课程创新实验”为切入点，以下放课程建设的部分权力为路径，以问题、需求、特色为导向，以巧设计、多支持、少干预为原则，让实验校大胆改革，破除阻碍教育发展的体制机制，蹚出一条具有首都特色的义务教育课程创新之路。

2014 年，又有 2 所学校在不申请经费的情况下自愿加入“遨游计划”项目，经审批，形成了 41(＋2)所实验校的局面。由于前期实验效果明显，社会反响好，2015 年，北京市教委决定将实验校增至 50 所。在这期间，相关领导提出了项目的“低代价发展模式”，追求自主发展、生态发展、绿色发展；作为实验执行单位的北京教育科学研究院基础教育课程教材发展研究中心提出了“变量控制模式”，控制六个主要变量，科学设计“六位一体”首都课程创新战略。“六位”指“六位自主”，指“课程目标自主”“课程结构自主”“课程内容自主”“课程实施自主”“课程评价自主”“课程主体选择自主”。“六位自主”是引导学校从课程建设的主体方面切入，将国家对于课程的基本要求与学校特色、学生需求相结合，充分利用好手中的自主权，激发学校课程活力，从而创新人才培养的模式，形成学校课程特色。“一体”指学校课程一体化建设，即学校在明确国家、地方、学校三级课程管理体系以及把握三级课程学时比例的基础上，结合学校特色和师生特点，融通三级课程，形成三级课程的整体推进方案和实践体系，达成课程整体育人的效果。“课程创新”是本实验的基本出发点和归宿点，要求各实验校在现有的课程政策、课程体系的基础上，调整课程各要素的关系，发挥各要素更大的效能，从而改进课程供给品质，创造更有价值的课程以及课程生产的新元素、新方法、新机制，从而获得更好的课程效益，解决课程领域的矛盾，满足课程各利益相关者的需求。

“遨游计划”项目实施 8 年以来，无论在项目管理方面还是在项目成果方面都卓有成效，积累了许多课程建设的典型经验。

一是确定了学校课程自主创新架构的三个基本原则：以“人的整体性发展”为核心，以“六位一体”为基本抓手，构建具有开放而综合特点的课程体系。

二是研制了基于“六位一体”模式的课程自主创新路线图，如下。

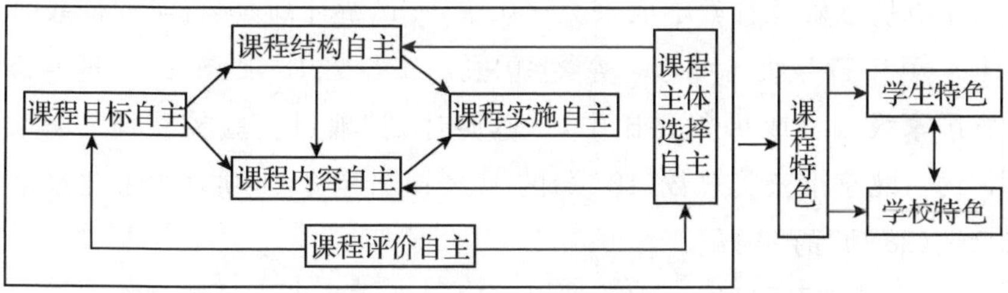

基于“六位一体”模式的课程自主创新路线图

三是形成了“六位一体”课程模式的特点。国家总督学顾问、联合国教科文组织协会世界联合会副主席陶西平先生总结了“遨游计划”项目课程创新的特点，即自主性、包容性、实践性、发展性、创新性、开放性。

四是探索出了课程创新的 12 步法则——精准破题—埋论夯基—立柱架梁—有限行权—激活机制—重构课程—优化供给—身份塑造—多极关联—诊断评估—节点管理—现场推进，既实现流程管理目标，指明方向，降低风险，又提供课程创新内容和方法指导，加强专业引领，提升课程改革质量。

五是初步形成了基于课程整体育人的 50 个教育新架构、基于立德树人根本任务和中国学生发展核心素养的 50 个富有学校特色的课程体系，开发了 30 多个理论和实践结合的课程创新主题。

六是学校课程结构丰富多样，大小课、长短课等排课样式灵活多变，国家课程校本实践效果突出，教与学方式的变革提升了课程效益。

各实验校积累了上千门的精品课程，学校课程管理变革提升了课程建设的品质。

“遨游计划”项目自实施以来，成果丰硕，市级项目组和许多实验校的成果在北京市乃全国家成果评比中斩获殊荣。2014 年，2 所实验校获基础教育国家级教学成果奖一等奖，8 所实验校获基础教育国家级教学成果奖二等奖。在 2016 年全国教育科学成果评比中，1 所实验校荣获优秀成果奖二等奖，2 所实验校荣获优秀成果奖三等奖。在 2017 年北京市第五届基础教育教学成果奖评比中，“遨游计划”项目实验校共获奖 31 项，其中特等奖 3 项，一等奖 10 项，二等奖 18 项。在 2018 年基础教育国家级教学成果奖评比中，“遨游计划”项目实验校获评一等奖 2 项，约占北京市获奖总数(12 项)的 17%；二等奖 11 项，约占北京市获奖总数(28 项)的 39%。

“遨游计划”项目组及实验校以对国家教育和学生负责的态度开展课程创新实验，积极作为，大胆改革，小心求证，破解了义务教育改革的难点，开创了义务教育课程改革的新局面，将人才培养模式变革落到了学生层面，在研究视角、研究内容、研究方式等方面取得重大突破。学生的课程需求向最大满足的方向发展，学生全面而有个性地发展、可持续发展和自主发展水平，以及教师的课程意识与水平得到普遍提升，学校课程文化成为学校文化的重要组成部分，实验成效在北京市乃至全国都产生了积极而深远的影响，“六位一体”课程体系成为首都品牌。

项目成果印证了基础教育改革坚持“从群众中来，到群众中去”的重要性和正确性，促进了课程理论与课程实际的结合，回应了教育改革和发展“为了谁、依靠谁和成果由谁共享”的重大主题。同时，项目的推进，为加快解决经济社会发展对高质量、多样化人才的需要与教育培养能力不足的矛盾，人民群众期盼良好教育与资源相对短缺的矛盾，增强教育活力与体制机制约束的矛盾提供了很好的案例。项目在北京市中小学校课程建设、育人模式改革、减轻学生过重负担、提高课程整体效益、促进学校内涵式发展等方面具有示范和推广意义。北京市 2015 年

7月颁布的《北京市实施教育部〈义务教育课程设置实验方案〉的课程计划(修订)》就吸收了此项目的先进经验，其中大小课、长短课、学科实践活动课程、开放性科学实践活动、整体育人实践、自主课程实验等就是其集中体现。

课程改革是教育改革的"牛鼻子"，课程改革的空间很大，向课程要效益是现在和未来一直要做的工作。今天，我们以实验校的课程创新成果为依托，推出"'遨游计划'首都课程创新丛书"：一方面是为了巩固课程改革成果，凝练北京市课程改革的典型经验，引领首都教育向着更高水平迈进，为全国同行提供参考，为课程建设的伟大事业添砖加瓦；另一方面是要加深课程理论研讨，深入课程内涵层面，把握好课程各要素和各种关系，加强协同，突破结构性、体制性障碍，探索具有中国特色的课程理论框架，让课程创新在纵横两方面全方位推进，以期获得更好的课程效益。该丛书是从北京市课程的变革性实践中凝聚、提炼而来的，也可以说是北京市课程改革的缩影，希望它的现实之光能照见课程改革的未来。

李 奕

2019年8月1日

前言

QIANYAN

一所百年学校，一所践行“创造教育”的学校，在新时代续写着逐梦飞翔的故事。

首先，飞翔的动力源于对信念的坚守。

黑芝麻胡同小学，是一所位于北京城市中心的胡同深处的小学。学校的历史，可以追溯到1644年清王朝进入北京的时候。一路走来，学校见证了国家的发展，见证了教育变革的历程。近年来，学校以“国际视野，创造教育”为办学理念。学校循着陶行知先生的“创造教育”思想前进，探索它在新时代的新故事。我们深知，课程是品牌学校的核心竞争力，课程是学校发展的命脉，课程是实现学校育人目标的核心途径。我们在坚持课程质量管理的同时，进行课程的改革与创新，在这条路上，坚守初心，砥砺前行。

其次，飞翔的动力源于对天空的渴望。

广阔的生活是我们进行课程创新的空间。我们深挖地域的优势，深入学生的生活。学校以“注重前瞻性，兼具实用性；注重区域特色，兼具国际视野”为课程理念，勇于创新、敢于担当，不断丰富课程途径，提升课程质量。我们感谢北京市“遨游计划”的推出，让学校可以发挥自己更大的主动性，探索更为广阔的教育天空。在北京教育科学研究院课程中心的帮助下，学校完成了“六位一体的课程规划与实施”“学校课程和学科课程的协调与一致”“构建以学习和学生为中心的学科课程”三大主题的研究。学校在课程目标自主、课程结构自主、课程内容自主、课程实施自主、课程评价自主、课程主体选择自主的“六位自主”方面从理论到实践都有了较大的突破。同时这促进了一批骨干教师的成长。2018年5月，学校成功召开了主题为“志道游学 守正出新”的北京市中华优秀传统文化课程展示现场会。随着“遨游计划”的进一步推进，我们将担当更大的责任，看到更美的风景。

最后，飞翔的动力源于对未来的期待。

创造是教育的灵魂，是我们的“根”。我们都在用一颗真心对待教育，用最真诚的态度和创造的精神为学生开启一片天空。我们今天的教育使命不仅是对学生的发展负责，而且是关注民族的未来。我们相信，今日所有的努力，必将改变明日的未来。从黑芝麻胡同小学走出的学生，能够成为“会学习、爱生活、能自主、敢创新的未来世界人”。

一分耕耘，一分收获。这本书记录了黑芝麻胡同小学课程实践的步伐与心路历程；记录了教师团队为梦飞翔留下的印迹。希望这本书对您有所裨益，希望我们能够携手创新，开启一段更加壮丽的航程。

目录

MULU

第一章

采撷时光的片片馨香——课程的历史回顾

2016 年，学校建成了校史馆。2016 年年底，一位音乐教师拿着一份剪报，送给校史馆馆长李东林老师。她说：这是她的公公在报纸上看到关于黑芝麻胡同小学历史的记载，特意剪下来，委托她送给学校，希望对学校的校史展览有用。那段时间，各部门收拾出旧东西，都要让李老师看看。甚至有老校友出现在校门口，门卫师傅都会给李老师打电话。

其实，一所学校的历史和当下工作的教师会有什么关系？它既不会影响他们的教学工作，又不会影响他们的工资收入。但他们和家人都是那么支持学校进行历史挖掘。仔细想想，这正是源于大家的一种渴望：对自己单位的历史的渴望，对自己工作根脉的渴望，对文化传承的渴望。

今天，一说起课程，人们就会想到它的希腊文原意“跑道”，然后再讨论它在西方课程发展上的意义。作为学校的教师，我们也渴望拥有自己的课程文化根脉。黑芝麻胡同小学有着近 400 年的悠久历史，见证了课程从种子到萌芽，再到发展繁茂的过程，我们为自己在参与这个过程而自豪。我们不妨采撷来自旧日时光的片片馨香，细细品味，进一步积蓄力量。

第一节　创造，百年教育追求的初心

北京市东城区黑芝麻胡同小学，位于北京古老的胡同深处。学校所在的学区从鼓楼东大街到景山后街，跨越皇城分界，将南锣鼓巷、玉河“怀抱”其中，覆盖 7 个社区、60 多条胡同，自元代建立的玉河与南锣鼓巷胡同区和明清皇城内的二十四衙门都在其中。厚重的地域文化、悠久的教育历史是我们所自豪的。学校的历史可上溯至 1644 年建立的镶黄旗官学，至今已有 370 多年的历史。1978 年，黑芝麻胡同小学被东城区命名为首批重点学校，由著名作家茅盾先生为学校题写校名。

历经百年的发展，今天的学校形成了一校六址(四个校区，两个文化苑)的新格局。

黑芝麻胡同 11 号——黑芝麻胡同小学的本部校区，曾为清末奎俊王府东花园、中华女子职业学校、私立弘仁小学和煤矿管理局职工子弟小学。它承载优质教育的梦想，发展成现在具有浓郁创造氛围的现代化校园。

后圆恩寺甲 20 号——黑芝麻胡同小学的前圆恩寺校区，曾为镶黄旗官学八旗第一高等小学堂、前圆恩寺小学，作为曾经的镶黄旗官学建筑遗存。它经过全面升级改造，由古老的建筑焕发新生，散发出浓郁传统文化的馨香。

水簸箕胡同甲 5 号——黑芝麻胡同小学的织染局校区，曾为明清内府织染局的办公地，后于 1958 年在华严寺的基础上建立华严寺小学，不久更名为织染局小学。它浸润在京味文化之中，伴随着北京教育改革的步伐，现成为精致与典雅相融的校园。

帽儿胡同 17 号——黑芝麻胡同小学的帽儿校区，曾为明清梓潼文昌帝君庙，于 1950 年建成新民小学，1951 年更名为帽儿胡同小学，2010 年成立课程活动中心，2019 年 5 月并入黑芝麻胡同小学。学校承载着悠久的历史文化，积淀了丰富的课程经验。该校区成为黑芝麻胡同小学的低年级部，其丰富多彩的课程，会让学生爱上学校，实现了幼小衔接。

前圆恩寺20号——学校文化历史苑，包括古代校史馆、现代校史馆、荣誉馆、国际交流馆和藏书馆。它里面展陈着学校近400年不忘初心、不断发展的故事，是展示学校发展历史及成果，让师生学习和感受学校文化魅力，传承学校历史和文化的活动基地。

黑芝麻胡同14号——课程行知实践苑，内有励耕堂、砚墨斋、霓裳厅、日新坊等。它集中了学校的优质课程资源，是师生的资源中心和活动中心、成长中心，可以促进学生个性的发展。

作为一所百年学校，它历经中国教育制度的变迁，见证国家从贫弱走向富强的沧海桑田。不断创新，不断为梦想努力，就是它的故事。我们非常愿意和大家分享这些故事，追寻百年教育的创造初心。

一、在明朝国学的基础上创立八旗官学

黑芝麻胡同小学的历史可以追溯到1644年。清朝国子监祭酒李若琳，向皇帝建议："贤才者，国之桢干；教化者，国之本源。请将国子监仿明初之制，官生除大臣恩荫入监外，其余自一品至七品子弟，有勤敏好学、原在庠序者，许提学官造册送监。民间除贡生廷试坐监外，其廪增附生员中有文义优长、壮年力学者，亦许提学官考选送监，臣等督课其学业，俟其有成，奏请廷试授官。抑学以国子监名，所谓国之贵游子弟学焉者也。前朝公侯伯驸马初袭授者，皆令入国学习礼读书。今满洲勋臣子弟有志向学者，宜令奏送国学读书，一体讲习。"

在这份奏折中，李若琳首先说明教育的重要性："教化者，国之本源"，教育是培育人才的基础。接着他向皇帝介绍了明朝培养贵族子弟的"国学"：在国子监中建立专门的学校。最后，他提出自己的建议：我们也要建立这样的学校，来培养我们的子弟和官员。

奏折中提到的"课"，并不是某个科目在一个单位时间段内的学习内

容，而是考试的意思。《说文解字》提出："课，试也。"奏折中的"读书""讲习"，比较接近今天的"课程"的意思。

清代的统治者都非常重视教育问题。太祖努尔哈赤认为"为国之道，以教化为本，移风易俗，实为要务"。他以蒙古文字为基础，创立满文，使满族有了自己的文字。他还聘请汉族学者，教育自己的儿子。太宗皇太极下令将多部汉族的典章制度译成满文，以方便借鉴学习。针对贵族"虽不读书，亦未尝误事"的普遍想法，皇太极下谕旨："自今，凡子弟十五岁以下，八岁以上者，俱令读书，如有不愿子弟读书者，自行启奏。若尔等溺爱如此，朕亦不令尔身披甲出征。"

当清政府进入北京，顺治皇帝作为新朝代的统治者，入主紫禁城的时候，意味着清朝开始统治全中国。但当时管理国家的八旗人员极度匮乏，"从前满洲之未用府县者，人数不多，仅足敷京员之用"。李若琳的建议，可谓正逢其时。顺治皇帝批示说："满洲官员子弟有愿读清书，或愿读汉书，及汉官子孙有愿读清、汉书者，俱送入国子监，仍设满洲司业一员，助教二员，教习清书。"

君臣之间的对话，说明了在国子监建立的八旗官学的目标是培养国家的管理人才。它包含的课程有清书、汉书。据相关记载，具体的课程包括满语、蒙古语、汉语、授书、背书、讲书、回讲、习字、默书、作文、步箭、马箭。

所谓八旗，源于努尔哈赤所创立的满族军事化管理体制，到皇太极时，成为完备的八旗制度：300人为1牛录(汉译佐领)，5牛录为1甲，5甲为1旗，又分为满八旗、蒙八旗和汉八旗。

八旗官学就是为在内城八旗驻守官员(含满、蒙、汉八旗人员)子弟所办的学校。学生由各佐领推荐一人，"由各旗都统选择聪明俊秀十岁以上十八岁以下"的学员。后来的实践中，又增加了礼部和国子监会同检查"资质堪以造就者"，三年一审核，"如学业无成者，退归佐领，仍于本旗佐领下选补"。据乾隆版《国子监志》记载，八旗官学之镶黄旗官学的学生就在东讲堂上课。图1-1展现的是东讲堂。

图 1-1　东讲堂

官学创立第二年，即因“国学在城东北隅，诸子弟往返晷短途遥”，合两旗为一学，各立官学一所。因为史料的缺失、不详细，所以我们不知道官学合并后的校址是否有变化。但是根据地理上的猜测，我们认为镶黄旗官学应当仍在国子监内，或者在国子监附近。

雍正五年(1727 年)，时任国子监祭酒的孙嘉淦上疏雍正皇帝：“臣查八旗学房，每旗有满洲、蒙古、汉军三处。满洲、蒙古每学四五十人，汉军学六七十人不等，而每学房舍不过三四间。此三四间房内，助教、教习、学生聚处其中，拥挤喧嚷，难以用功。据臣愚见，现在房舍止可为满洲、蒙古学房。至汉军学房，人数既多，汉人教习亦处其中，翻译、作文并宜地方宽敞，始可专心诵读。伏祈皇上鸿恩，每旗另给官房十余间，以为汉军学房，则肄业有所，而课程自专矣。”此处的“课程”，有科目与时间的意思，非常接近今天的“课程”。后经康亲王与果郡王同工部议覆，“每旗给官房一所为学舍”。至此，镶黄旗官学正式落户前圆恩寺胡同内。八旗官学的地址如表 1-1 所示。

表 1-1　八旗官学的地址

官学名称	地址	房间数
镶黄旗官学	安定门内大兴县后圆恩寺胡同	37
正黄旗官学	西直门内祖家街	37
正白旗官学	朝阳门内南小街新鲜胡同	28
正红旗官学	阜成门内巡捕厅胡同	47
镶白旗官学	东单牌楼之东象鼻子坑	35
镶红旗官学	宣武门内头发胡同	48
正蓝旗官学	东单牌楼之北新开路	35
镶蓝旗官学	西单牌楼之北甘石桥马尾胡同	40

这是关于确定学校现在的前圆恩寺校址为八旗官学的最早记载。对照故宫藏 1753 年乾隆绘京师全图，可以发现学校的主体建筑至今没有大的改变，可以证明 300 多年的校史相沿，一直书声琅琅。

八旗教育制度不断修改完善，使优秀的八旗子弟得到了培养，因为课程设置上有大量的汉族文化、满蒙文化的内容，使中华优秀文化得以传承。顺、康、雍三朝的八旗子弟状元有 317 人，其中八旗满蒙子弟有 240 人。清中期官员中的满人数量大幅增加。各级各类的满族学校纷纷建立，如咸安宫官学、宗室学、觉罗学等。这说明清初推行的教育政策见到了成效。

但到了清晚期，国力衰败，无暇教育。由于分旗设学，校舍产权与管理权划分不明晰，房舍毁坏却无人维修；再加上国库空虚，师生每月的补助也常有亏欠的现象(房屋倾颓，膏火短绌)。为使“师道克端，生徒向学，用收兴贤育才之效”，嘉庆皇帝、道光皇帝都有派人视察整顿的记录，可惜小修小补并不能有多大的改善。到了光绪年，这种情况更为严重。光绪九年(1883 年)，为了振兴教育，皇帝下令设立专管官学的管学官。光绪十年(1884 年)奏准，设管学官 8 人，有整顿官学之责。光绪十四年(1888 年)，镶黄旗官学的管学官吴毓春为学校编写教材《启蒙集》，颇有特色。当时的京兆尹潘祖荫特意为本书作序：“雨轩同年，于贴括功力甚深。及其门者，掇青紫如拾芥。贤郎勰臣移香太史，禀庭训取巍科衡文，所得多知名士。去冬，荫管理八旗官学，奏请雨轩为管学官。今取其所选文六十篇刊布，以为官学生观摩之助，庶不至堕入迷津矣。通家年愚弟潘祖荫识。”

在书的末尾，吴毓春写道：“右文六十篇，整散浓淡不拘一格，总以层次清楚为主，而用意则取其显亮，措词则取其简明，运典则取其醒豁。以之启蒙，最易讲解。虽无深思大力，而绣谱鸳针于此略备，固可为初学津梁也。雨轩吴毓春识。”

这样一本以提高学生的八股文写作水平为主旨的书，已经脱离国子监制定的课业标准，是当时的校本课程教材。学习此书的前半本时，学生济廉的笔记工整，可见教师讲解认真。

但是此书的后半本却没有留下一个字的笔记，为什么呢？对照时代不难找到答案：1898 年戊戌变法，正式提出废除八股考试；1902 年，正式废除科举制度。可以想象，学生学到一半，这本书就没有用了。

回顾八旗官学自 1644 年仿明朝旧制创立的历史，200 多年来与清朝的兴衰相映衬。兴建官学时的种种愿望、种种创新，不再能拯救和复兴官学。

二、在八旗官学的基础上创立现代学校

1902 年，为了变法维新，翰林院侍读宝熙奏《请变通宗室、八旗学校章程》折，提出：“振兴庶务，必藉人才，而培养人才必由学校。”他列举了旧官学教育的种种弊端，建议皇帝“拟请援照同文馆归并大学堂之例，将宗室、觉罗、八旗官学，改并为小学堂八处、中学堂两处，庶规模整齐，易于经理”。他还提出了具体的措施建议：“京师大学堂前蒙特派吏部尚书张百熙管理，将来中、小学堂课程，亦归该管学大臣所编定，是宗室、八旗学堂与大学堂有息息相通之故”。

光绪皇帝批示说：“著照所请，将宗室、觉罗、八旗等官学，改设小学堂、中学堂，均归入大学堂办理，庶几扫除积弊，造就通才。著张

百熙，妥为经理，以专责成而收实效。”[①]

学部大臣张百熙在 1902 年制定了《钦定学堂章程》(即壬寅学制)，规定了办学及课程要求。但各方嫌其落后。1903 年，张之洞被调配与其共同商讨，制定的《奏定学堂章程》得到了皇帝的肯定。

1903 年，在前圆恩寺原镶黄旗官学的基础上，清朝建立了“京师宗室觉罗八旗第一高等小学堂”(据现存档案印痕)。毕业证显示，所设课程为修身、读经讲经、图文、算术、历史、地理、格致、体操、图画、手工、乐歌、农业、商业、英语，如图 1-2 所示。

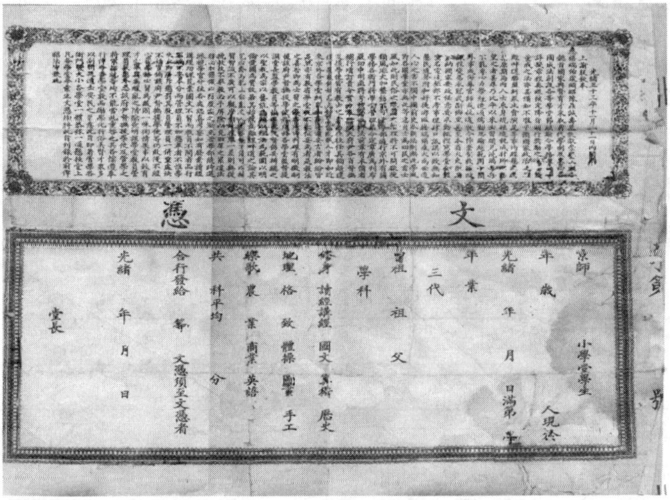
文憑
京師 小學堂學生 人現年
年 歲
光緒 年 月 日滿第 年
畢 業
三代
曾祖 祖 父
學科
修身 讀經講經 國文 算術 歷史
地理 格致 體操 圖畫 手工
樂歌 農業 商業 英語
共 科平均 分
合行發給 等 文憑須至文憑者
光緒 年 月 日
堂長

图 1-2　毕业证上留下当年的课程痕迹

课程体现了清末政府“中学为体，西学为用”的思想。虽然维新变法失败了，但这项教育举措却得到了各方的认可，得以延续。可惜，教育改革未能挽救清政府的破落命运，旧民主主义革命最终推翻了清政府，建立了资产阶级性质的民主共和国家。

1911 年，清政府被推翻。民国政府对学校进行了改革与重新的部

① 朱寿朋：《光绪朝东华录》第 5 册，4826 页，北京，中华书局，1985。

署：原八旗学堂改为国民小学校。学校的培养目标为：五育并举(军国民教育、实利主义教育、公民道德教育、世界观教育、美感教育)，以民主、自由和独立的精神改造国民，着力培育拥有健全人格的国民。

民国肇造，万事维始。根据壬子癸丑学制的要求，初、高等小学共开设 12 个科目。

小学教育以留意儿童身心之发育，培养国民道德之基础，并授以生活所必需之知识技能为宗旨。初等小学设修身、国文、算术、手工、图画、唱歌、体操，女子加设缝纫。高等小学设修身、国文、算术、本国历史、地理、理科、手工、图画、唱歌、体操，男子加设农业，女子加设缝纫，并视地方情形加设英语或其他外国语。

课程取消了读经教育，增加了职业教育课程，显示出培养国民的目标追求。可惜，民国初年，国家羸弱，目标虽远大，道路却艰险。仅黑芝麻胡同小学在这一时期的校名就变化了 10 多次，显示了政治与民生的动荡艰难。表 1-2 为新中国成立前前圆恩寺校区的校名变化。

表 1-2　新中国成立前前圆恩寺校区的校名变化

年份	校名
1644 年	八旗官学
1727 年	镶黄旗官学
1903 年	京师宗室觉罗八旗第一高等小学堂
1911 年	京师公立第一初高等小学校
1923 年	京师公立第一小学校
1928 年	北平特别市立第一小学校
1930 年	北平特别市公立第一小学校
1931 年	北平市立第一小学校
1934 年	北平市立前圆恩寺小学
1937 年	前圆恩寺小学
1946 年	北平市第五区第十七、十八、十九保国民学校
1949 年	第五区前圆恩寺小学

注：北平为今北京。

学校校长李栋先生曾撰写《京师小学教育之隐忧》一文，记录当时的教育情况。

近年以来，京师公立各小学校，因经费无著，或于学期之始，开学愆期；或于学期之末，提前放假；或值学期之中，弘诵屡辍；于学校前途，影响实巨，兹略举数则，说明于后：

一、校务方面。办理学校，第一要有目的，第二要有方针。有了目的与方针，而学校成绩，乃能逐渐表见。倘一年之中经费不能按月支领，课业不能如期教授，试问目的虽定，能否切实达到？方针虽妥，能否按步进行？矧学校当局，因经费问题，终日奔走，开会索薪，席不假暖，又安有其精神余力，为学校事物一展经猷焉！

二、教员方面。京师学务局对于小学教员资格限制极严。现任各校教员，在完全师范毕业者约占十分之八；在二部师范毕业及检定合格者约占十分之二；学校得人可见一斑。无如近数年来，公立小学，因经费拖欠，教员生活难以维持，往往另寻他径，别谋枝栖。如扶轮学校、教会学校、私立学校等，月薪虽薄，究能按期支领，不致竭蹶，故京师教员中见异思迁者，已大有人在。客岁京师各校，增加薪俸，添聘专科，济济多士。不意实施以后，增薪之事在量的方面，徒负虚名；在数的方面，适得其反。依实际调查，民国十三年度，各校教员月得薪金七八成，约有二十余元；民国十四年度，各校教员月得薪金三四成，只有十元上下。至于现在，经费积欠，凡八阅月，新聘教员，非到校一年不能支领薪金。似此日暮途穷，势必致旧教员见异思迁，新教员裹足不就，则小学教员之饥荒，不久又将接踵而至矣。

三、学生方面。学校经一次停课，学业即受一次损失。一学年中，除例假日外，授课日期只四十周。连缓期开学，提前放假，并中途停课等日扣除外，仅得三十余周。纵教员如何热心，课业如何补授，而学生成绩不能不打些折扣，受些损失。中学招考有小学毕业生成绩退化之评议。大学招考有中学毕业生成绩退化之评议。呜呼事实如此，何必讳言！再者公立学校愈停课，而私立学校愈抱乐观，试观教会学校，何莫非收留富家子弟之所；散馆私塾，何莫非收容贫寒之弟之所；他如补习学校，专修学校，又专作投机买卖。此则停课，彼则招生；此则放假，彼则开学。长此以往，则公立学校愈罢课，而私立学校愈发达。京师首都，几成私立学校之世界，青年学子缺少优良教育之熏陶。兴言及此，可胜浩叹！

总此以观，教育隐忧，不可胜数，政府诸公，苟听诸京师公立小学自生自灭则已，如其不然，应如何划分地方学款，指定教育基金，使京师公立小学，脱离溺海，彼岸同登，则教育曙光，庶有发见之一日，诸公勉乎哉，予日望之矣！

为改变国民教育的程度，民国政府兴办和鼓励兴办了多种类型的学校。仅在学校周边就有很多：前圆恩寺短期小学；雨儿胡同短期小学；中华女子职业学校(校长为蒋水生，校址在黑芝麻胡同内)。除雨儿胡同短期小学有明确记载并入前圆恩寺小学外，其他学校的情况不明。

教育发展的命运，总与国家所处的时代相联系。由教育的乱相、败象，我们可以窥见人们对新社会、新生活的盼望之情。

第二节　创造，时代变革中的教育声音

1948 年年底，广慈庵住持慧果、国学大师金受申先生、优秀教师朴之涵等人联合社会上支持教育的人士，在破庙里创办弘仁小学，这是黑芝麻胡同小学本部校区的前身。

一、破庙里诞生的新学校

慧果生于 1898 年，北京人，本姓管，9 岁就出家为僧，为人聪明好学、乐观向上，善于结交朋友。他所居住的广慈庵建于明万历

四十五年(1617 年)，是一座与圆恩寺比邻而居的、供僧人住宿的十方院。慧果被推选为庙里的住持，担负起经营广慈庵的责任，很快就成为北京城里的名僧。早在 1936 年，他就曾在庙里兴办了一所阜成小学，像同时期许多寺庙一样，与教育有缘。1948 年，小庙难以为继，他又想到了兴办学校。

朴之涵是生活在北京的满族人，其父亲曾在香山慈幼院里任职。他也在慈幼院学习，后来成为教师，当时带着全家借住在庙里。他认同慧果的想法，他们一起邀请朋友加盟，成立了私立弘仁小学。

第一位列名董事为李伯仁，是中国第一代的飞行员，是中国早期军学院的毕业生、教师，会说 4 门外语。其他董事，除有厂长、经理外，还有研究昆曲的艺术家傅雪漪、画家陈缘督等。

金受申是北京民俗学家、国学大师和著名中医。他在北京大学国学门毕业，撰有多部国学研究的专业著作。他从中学时代起就在报纸上撰写关于北京的文章，一生以“北京通”为总名撰写了大量关于北京民俗的文章。他为学生编写了《北京的传说》《中国历史小故事》等多部著作。他长期担任育英、扶轮、崇实等中学国文教员或国文系主任。

这些人的艺术修养、学识水平普遍较高，他们让这所学校拥有了厚重的文化基因，与爱国爱教的理念相传承。

据早期校史的记录，私立弘仁小学的校址初设在大佛寺街，后迁至前圆恩寺胡同 7 号的广慈庵庙内。学校设一至四年级，共有 3 个班(三、四年级为复式班)，学生约为 120 人，教职工为 10 人。1951 年由第三区人民政府写给北京市人民政府和文教局的报告表明，当时学校的校址在前圆恩寺 7 号，有 6 个班的学生，共有 339 人，教职工有 9 人。教师都很努力，教学质量不错。

1949 年后，根据相关的记录，设置的课程有政治、语文、作文、写字、算术、珠算、外语、常识、体育、音乐、美术。

中华人民共和国成立之初，国家成立燃料工业部煤矿管理总局，总管全国的煤炭能源事务。该局职工的 300 余位子女有教育入学的需求，且该局的宿舍即在学校附近。煤矿管理总局与学校很快达成了合作。前期煤矿管理总局进入学校董事会，帮助学校解决师资困难。

1951年12月，在煤矿管理总局进入学校董事会的会议上，朴之涵代表教师发言：希望双方的合作，能够让弘仁小学成为新时代的儿童乐园。1954年，学校搬入新校址(今天的黑芝麻胡同11号)，正式成为国家部委办学的“中央人民政府燃料工业部煤矿管理总局职工子弟小学”。

慧果与金受申为了改变学校教师与学生的待遇，改变学校的面貌，积极主导了这次合并。其后，煤矿管理总局派徐洋虎为学校校长。慧果成为名誉校长，金受申离开了学校，后经老舍介绍，进入北京文学艺术联合会，任职编辑。

1956年，根据中央的指示精神，学校由地方统一管理，更名为北京市东城区黑芝麻胡同小学。朴之涵任代理校长，学生有500余人，教职工有20余人。不久区文教局派周玉华接任校长。

1976年，前圆恩寺小学撤销建制，大部分划归黑芝麻胡同小学。1978年，学校成为东城区首批重点学校。由于办学规模太大，学校被分成两所，东部两校址设立前圆恩寺小学，西部两校址设立黑芝麻胡同小学。

虽然办学者发生过几次变化，但学校担任教学工作的领导与职员相对固定。金智民、李雯等名师也是从参加工作后一直在这所学校，使学校文化得以延续。

二、在时代的激励下不断变革

1976年，国家的教育事业与各项事业一样，面临重生。对于重新划分校区后的黑芝麻胡同小学要如何发展的问题，几位校领导和教师曾经反复探讨。虽然观点不同，但大家都提到过质量的重要性。学校利用师徒制，发挥老教师的教学优势，带动青年教师提升教学质量。学校开展磨课活动，从一位教师备课到教研组、指导教师参与集体备课，让教师反复试讲一节课，打造高质量的课堂。教学研究工作主要是围绕如何更好地发挥教师的主导作用，启发学生的主动学习，提高的学生能力开展的。学校的教学质量稳步提升，得到市区的认可。

1978 年，经国务院批准，教育部颁布了《关于办好一批重点中小学试行方案》，提出要建立金字塔式的中小学质量结构，办好一批重点中小学。这个方案在当时有着积极的社会影响。为了贯彻执行中央和市委关于办好重点学校的指示，1978 年，北京市先后确定了市、区(县)64 所重点中学和 54 所重点小学。黑芝麻胡同小学为东城区首批重点小学，引领全区小学的发展，不断提升教学质量。1982 年，学校举办了各项工作成果展览，促进教育教学工作的开展。

从弘仁小学建立，到迁址改名为黑芝麻胡同小学，学校一直坚持质量为本，培育教师的“五四指示精神”，教学质量一直在北京名列前茅。20 世纪 80 年代，学校有特级教师金智民、胡孟炎等人，参与编写人教版《语文》《数学》的教材。

1987 年的学生手册显示，学校开设的科目为：品德、语文、作文、写字、数学、珠算、自然常识、历史、地理、体育、音乐、美术、手工劳动。

课程的主体结构在保持历史脉络的同时，名称和科目的调整显示出相关课程理念上的变化。

这段时间，学校的德育活动、社团活动非常成功：枣子送给解放军；自发为希望工程捐款等事迹被报道；鼓号队、民乐队、排球队、国际象棋队等在市区取得优异成绩，得到家长的认可并产生了积极的社会影响。

2000 年，东城区教育局再次将前圆恩寺小学和宽街小学(部分)并入黑芝麻胡同小学。学校坚持抓课堂质量，培养青年教师，利用圆恩寺校区，开办寄宿部，丰富自己的生源。

2003 年，学校提出“擦亮品牌，服务人民，让每个学生都受到精品教育”的办学理念，努力创建一所“学生欢迎，家长满意，教育质量高，社会声誉好”的精品学校。

2006 年，时任国家主席的胡锦涛同志提出了建设创新型国家的战略目标。黑芝麻胡同小学的教师也提出了“践行陶行知的教育思想，让学生享受精品教育”的理念，深入学习陶行知教育思想，从陶行知丰富的教育思想与实践中发现了他的创造教育思想，与时代深度契合。全校教师在深入学习后，撰写了自己的《创造宣言》，从此走上了创造教育特色发展的道路。学校以创造的精神，从学生的生活出发，从时代的特色出发，挖掘各方资源，创设了一系列校本课程，如“媒介素养教育”“金融素养教育”“玩自己创编的体育游戏”“唱自己创编的歌曲”等，逐渐构建出丰富的课程资源与“创造”的课程体系。

2016 年，随着北京市东城区教育改革的深化，学校合并了织染局小学，成立了黑芝麻胡同小学优质教育资源带。

织染局小学成立于 1958 年，为了解决所在地区失学儿童的教育问题，利用华严寺的旧址成立了华严寺小学，后改名为织染局小学。1975 年 2 月，原东板桥小学并入织染局小学；2001 年 8 月，原黄化门小学并入织染局小学。2012 年，织染局小学与黑芝麻胡同小学结成联盟校；2016 年，由原来深度联盟校改为优质教育资源带，并入黑芝麻胡同小学。

在形成一校六址、四区两苑的地理格局的同时，学校开始根据校区特色与学校特色，开始新的课程改革探索。

第三节 回望，倾听课程的声音

由于历史上人们对校史的认识和理解不同，因而对于学校历史的起始年份有多种说法，1923 年、1949 年、1954 年、1956 年、1978 年等都曾经被提及过。本着尊重历史、厘清传承的原则，自 2013 年开始，我们重新进行了系统的梳理，将对校史的回忆与档案文献记录进行对比，逐步恢复出自 1644 年至 2000 年的清晰的历史发展脉络。

一、重视课程，响应时代的要求

回顾黑芝麻胡同小学与时代变革相延的百年历程，我们可以发现课程在学校教育中的重要性：学校的各项教育目标都要通过课程来实施与达成。重新聚焦百年校史中的课程变迁，我们又会有新的理解与发现。表 1-3 为黑芝麻胡同小学的课程变迁。

表 1-3 黑芝麻胡同小学的课程变迁

年份	校名	学制	课程
1727 年	镶黄旗官学	—	汉语、授书、背书、讲书、回讲、习字、默书、作文、步箭、马箭
1903 年	八旗第一高等小学堂	—	修身、国文、算术、体操、历史、地理、图画、唱歌、读经、讲经、国史(高)、格致(高)、手工(高)、八股启蒙
1920 年	北平市公立第一小学	—	修身、国语、算术、体操、历史、地理、图画、唱歌、读经、国史(高)、格致(高)、手工(高)
1922 年	—	—	国语、算术、体育、卫生、公民、历史、地理、自然、园艺、工用艺术、形象艺术、音乐、外国语(英或法)
1929 年	—	—	党义、国语、社会、自然、算术、工作、美术、体育、音乐、童子军(高)、英语(高)
1932 年	—	—	公民训练、体育、国语、社会、自然、卫生、算术、劳作、美术、音乐
1937 年	前圆恩寺小学	—	修身、孝经、论语(初)、体操、国术、英语(高)、日语、孟子(高)
1949 年	黑芝麻胡同小学	五年制	政治、语文、作文、写字、算术、珠算、外语、常识、体育、音乐、美术
1987 年	黑芝麻胡同小学	六年制	品德、语文、作文、写字、数学、珠算、自然常识、历史、地理、体育、音乐、美术、手工劳动

续表

年份	校名	学制	课程
2001 年	黑芝麻胡同小学	六年制	思想品德、语文、作文、写字、数学、自然、历史、科学、体育、音乐、美术、手工、劳动、外语、计算机
2011 年	黑芝麻胡同小学	六年制	国家课程：品德与生活、品德与社会、科学、语文、数学、外语、体育、音乐、美术、综合实践活动、劳动技术、信息技术、研究性学习、社会实践 地方课程：蓝天博览、走进东城、环境、安全、拒绝毒品、写字、健康教育 校本课程：数学乐园、成语龙门阵、英语活动、手工创意、媒介素养教育、经贸知识渗透、我们的城市、少儿理财
2014 年	黑芝麻胡同小学	六年制	参与“遨游计划”，按人文素养、体艺素养、科技素养、社会素养四个方面构建创造教育课程体系

丰富的校史让黑芝麻胡同小学不仅值得骄傲，而且有许多值得回忆与体味的瞬间，可以让今天的教育工作者得以滋养。我们的教育记忆散见在各个时期的教育刊物、报纸杂志与行政命令之中。当它们经过师生之手，重新汇聚，带给我们的不仅仅是荣耀，更多的是智慧。让我们做一个简单的回顾。

(一)设置骑射课程，传承特色传统

清朝设置的课程有“步箭”与“马箭”。在清朝统一中国的过程中，军事策略和武力征服起到了决定性的作用。1644 年进入北京后，清朝统治者深刻地认识到，要维持并加强自己的统治，除了必须有强大的军事力量以外，还必须发扬自己的民族精神和民族特色。“骑射”是满族民族精神的集中体现，因此清朝历代皇帝都告诫子孙，不要丢掉“骑射”的传统。图 1-3 为旗童校射图。清太宗皇太极曾说：“夫弓矢我之长技，今不亲骑射，惟耽宴乐，则武备渐驰。朕每出猎，冀不忘骑射，勤练士兵。诸王贝勒务转相告诫，使后世无变祖宗之制。”清高宗乾隆不仅三番五次告诫八旗子弟要保持“骑射”，而且身体力行，以身作则，坚持“骑射”几十年。他更在中南海紫光阁、紫禁城箭亭、圆明园等地制作“下马必亡”碑，将圣谕刻写在石上：“我后世子孙，庶咸知满洲旧制，敬谨遵循，学习骑射，娴熟国语，敦崇淳朴，屏去浮华，毋或稍有怠惰。”可见大力推行“骑射”是清政府的国策，体现了满族贵族教育中保持民族精神的传承意识。

图 1-3　旗童校射图

（二）倡导国语发音，开发国音标准字典

1935 年，正是民国政府在全国推广普通话的时候，如何让学生掌握标准的读音，学校的教师一起努力，编写了一本字典，并请中国语言文字界的大家黎锦熙先生题词。图 1-4 为《标准国音常用字典》的介绍和封面。

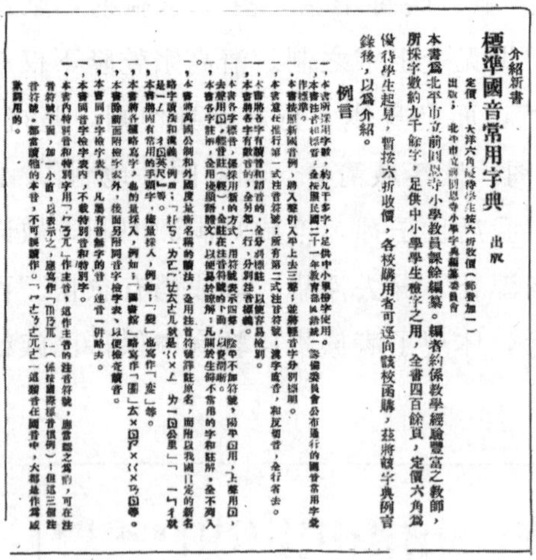
介紹新書

標準國音常用字典 出版

定價：大洋六角優待學生按六折收價（郵費加一）

出版：北平市立前圓恩寺小學字典編纂委員會

本書為北平市立前圓恩寺小學教員課餘編纂。編者約係教學經驗豐富之教師，所採字數約九千餘字，足供中小學學生檢字之用，全書四百餘頁，定價六角，為優待學生起見，暫按六折收價，各校購用者可逕向該校函購，茲將該字典例言錄後，以為介紹。

例言

一，本書所採用字數，約九千多字，足供中小學檢字使用。

一，本書注音和標音，全按照民國二十一年教育部國語統一籌備委員會公布通行的國音常用字彙作標準。

一，本書按照新國音例，將入聲併入平上去三聲；並將輕音字分別標明。

一，本書遵從推行第一式注音符號；所有第二式注音符號，漢字直音，和反切音，全行省去。

一，本書將各字有讀音和語音的，全分別標註，以便容易檢別。

一，本書將各字有數音的，全分為一行，分別注音標義。

一，本書各字標音，係採用新的方式，用符號表示四聲：陰平不加符號，陽平[illegible]用，上聲用[illegible]，去聲用[illegible]，輕音註（輕），全註在注音符號的下面，以便閱斷。

一，本書各字註解，全用淺顯語體文，以便易於瞭解；凡關於生僻不常用的字和註解，全不列入。

一，本書將萬國公制和外國度量衡名稱的譯法，全用注音符號譯註原名，再附以我國日定的新名略字讀音和讀義，例如：[illegible]

一，本書將固有常用的手頭字，儘量採入，例如：「變」也寫作「変」等。

一，本書將各種略寫字，也酌量採入，例如：「圖書館」略寫作「圕」[illegible]等。

一，本書除前面附檢字表外，後面另附同音字檢字表，以便檢查讀音。

一，本書同音字檢字表內，凡屬有音無字的音，連音一併略去。

一，本書國音字檢字表內，不載特別音和特別字。

一，本書內特別音和特別字用「[illegible]」作主音，這作主音的注音符號，應當認之為韵，可在注音符號下面，加一小画，以表示之，應寫作「[illegible]」（係按國際標音慣例）；但這三個注音符號，都當讀他的本音，不可誤讀作「[illegible]」這類音在國音中，大都是作為感歎詞用的。

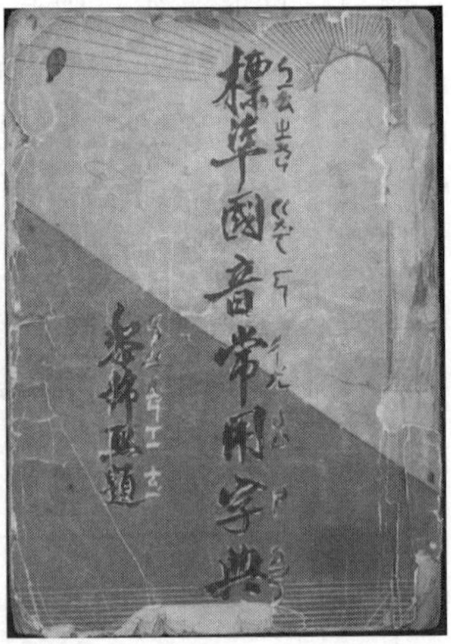

图 1-4 《标准国音常用字典》的介绍和封面

中国社会科学院的钟少华先生认为，由一所小学编写一本旨在推广标准国音的字典，实在罕见，这需要学校的教师有真学识，并以更高的教育追求为己任。

(三)优秀的课程离不开教师的教学研究

李栋校长在校内成立教师读书会，鼓励教师自修，不断提高文化水平与教学能力。1933 年，李栋校长在《时代教育》上撰写《今后平市教育界应表现的精神》一文，鼓励教师：我们以为教育界同人，都是建设平市教育的责任者，今后要表现的有三种精神：一是研究的精神，二是批评的精神，三是创造的精神。三者各有独立性，也互有连续性。

虽然时光远去，但留下的这些信息却足以滋养后来的我们。

二、重视创新，始终关注质量

教育要与时俱进，就离不开创新。悠久的历史让我们有着丰富的创新故事。

(一)教育的进步离不开实验

陶行知说：“想自立，想进步，就须胆量放大，将试验精神，向那未发明的新理贯射过去；不怕辛苦，不怕疲倦，不怕障碍，不怕失败，一心要把那教育的奥妙新理，一个个的发现出来。”不经过努力、不经过实验，教育的真理无法应用。黑芝麻胡同小学的教育历史上就留下很多关于实验的篇章。

1936 年，北平市政府主办北平市第一届中小学自然科成绩品观摩会。学校展示的教学成果不仅令人满意，而且激发了很多教育智慧。教师引领学生走进胡同的宅院内，寻找书本上提到的纸类、燃料、工具，将书本知识与实际相对照，增加学生的实践经验。

民国初年，学校参与了语文作文科、算术科、工艺科等教学标准的制定与实验，并撰写了相关的报告。

最值得称道的改革是学校引进道尔顿制实验。道尔顿制是美国麻省道尔顿中学率先采用的一种课堂教学改革方式，由杜威、陶行知等人介绍引入中国，在上海一所中学由舒新城先生开展，相关记录甚为详细。但北方却知之甚少，小学更是鲜有所闻。学校所发动的这场改革已经被淹没在时代的尘埃里，但今天提出来，仍然有借鉴的意义。我们突然发现，改革这件事，前人未必比我们逊色。

道尔顿制的全称是“道尔顿实验室计划”。创始人是帕克赫斯特(Parkhurst)。1919 年，她开始将实验室计划试行于一个不分级的残疾人学校。1920 年，道尔顿中学实行此实验室计划，此计划因此校而被称为道尔顿制。后来帕克赫斯特又创办儿童小学，即在小学实行道尔顿制。道尔顿制是把教室变成各科作业室，将每门学科的内容分解成若干段，将每大段再分成若干小段。每段都有明确的要求和完成标准，按月或周分配。学生根据各学科的内容分配，签订一定阶段的工约，自由学习。教师在作业室内随时准备个别指导。学生把学习结果送至教师处，教师根据事先确定的标准评定学生的成绩。学生将每次所得的成绩记在日程表和周表上。学生完成一个工约，通过考核，教师认为通过，则其另换新工约。这是以一种契约形式，让师生双方达成协议，可以给学生一种类似于工作的学习的责任，这样的学习会增强学生有目的的意识和完成学习任务的信心与能力。各科作业室里放着与本学科相关的各种图书、挂图、仪器，学生可以随时进行翻阅和实验，以解决自己遇到的问题。

1922年，学校校长李栋先生开始关注道尔顿制，在第二年开始组织教师进行实验。期间他与教育家舒新城先生进行了通信。在深入了解道尔顿制的原理、方法与实践经验后，他选择文科、算科、历史科和地理科的部分课程，设立自习室，开展实验。他于1925年在《京师学务局教育行政月刊》上公布了实验报告。他于1926年在《新教育评论》上撰写了自己的实验体会。当时社会上已经出现了很多对道尔顿制的批评之声。耐人寻味的是，李栋校长并没有一味地批评，这值得我们研究。

说起来我们做道尔顿制的研究，实在是在三年以前。始而看杂志听讲演，继而行实地试验的工作。彼时因为研究没有什么特殊的心得，试验的结果又不敢自信，除去和舒新城通信讨论两次，在京师教育公报上发表过概况和报告之外，总是取门罗主义的。现在讨论的时期既然到了，无妨我们就已往的经验和见解，提出几种做研究的资料。

现在评论道尔顿制的，不是赞扬它为金科玉律，便是攻击它成百孔千疮。我们以为道尔顿制的利弊，不在根本制度的良窳，而在采用方法的何若。因为道尔顿制既然成立有年，风行欧美，在原则上有确凿的根据，在效果上有显然的成绩，制度的完善，是毫无疑义的。不过采用的人，要抄袭成法，适履削足，适足以自误而误人。反谓道尔顿制的不善，这诚然是悖谬已极。普通学校可以施行道尔顿制，当先有几种相当的条件。而小学尤有变通的地方。有相当的条件的，有变通的地方，才有施行道尔顿制的可能性。它的条件和变通的地方是什么？可以做两层来说。

一、普通学校应具的条件

普通学校，都是施行教育的处所，但不都是可以施行道尔顿制的处所。因为道尔顿制和旧式学校的编制教学管理训练完全是不相同的。唯有新设立的学校才容易采用，新毕业的教师才容易试验，新招收的学生才容易奉行。如其不然，打算在历史很久、资格很老、习惯很深的学校、教员、学生上，来废除旧制改弦更张，非有下列的三种条件不可。

1. 学校当有适当的设备

道尔顿制在学校组织上，本是学科制，依科目的性质，而设为若干作业室。作业室造成适宜的环境，而给学生以搜求知识的机会。再者每作业室至少要有一位教员来指导。常见我国施行道尔顿制的学校，或以一个作业室兼若干科目，以一个教师而兼任两个作业室的指导。因陋就简，圆枘方凿，非第学习之不便，抑亦指导之未周。猎取美名，徒博虚誉，教育上的效率，就不堪设想了。

2. 教员当有充分的研究

班级制度下的教员，其好坏仅影响于一两班的学生；道尔顿制下的教员，其好坏则影响于全校的学生。班级制度下的教员，但担任一两班的功课，特立独行，各自为政，也不致有什么妨害。道尔顿制下的教员，则担任全校某科的功课，须能行共同活动与各科教员时常接触。所以道尔顿制学校的教员，和全校是一体的，非都有充分的研究不可。高仁山先生说："施行道尔顿制的手续，不可仅有校长在校务会议时提议，经多数教员的造成，立刻就能施行的。"因为道尔顿制，不是教员登坛讲演，学生俯首静听的事情。必教员都能充分了解道尔顿制的原则，并研究指导的方法，人人胸有成竹，才可以胜任愉快；否则校长热心举办，教员敷衍奉行，其结果没有不遭失败的。我国有几处学校，始而进行很速，中途竟至废止，就是由于教员没有充分研究的缘故。

3. 学生当有相当的训练

在道尔顿制之下的学生，须有自由合作计算时间的能力，自由是有限制的自由，所谓 work while you work，play while you play；合作是学习上的主要元素，借同学的研磨，而获得互助的效果；时间计算是将全工段的课业分配为四周，每周某科学至某处，每日某时学习某科，教师须能训练指示，然后中学生才可以循序渐进，不致茫无头绪。常见有施行道尔顿制的学校，对于学生的学习纯取放任主义，学生的怠荒偷惰，教师不知过问；又有对于学生取严格主义者，学生埋首读书，教师终日鞭策。似此学生既有盲人瞎马，教师是一意孤行。道尔顿制的精神，就是如此而已吗？

二、小学应变通的地方

道尔顿制原是以大学研究院的办法，在中等学校仿行。按中学和大学的阶级，距离很近，两种学生的能力、思想、经验，相差也不甚悬殊，用大学研究的制度，行之于中学，就说是提前实现也无不可。要是将它移在小学里来施行，诚然是有些不妥当的地方。现在社会上反对道尔顿制的症结，多半是起于小学的部分；教育界反对道尔顿制的理由，也多半援引小学的例子。有的人是因为他的子弟受了道尔顿制的教育而贻误匪浅；有的人是因为他自己遭了道尔顿制的失败，而追悔不及；于是倡为攻击之论，发表诋毁之词。殊不知小学施行道尔顿制，除去普通学校应具的条件以外，尚有下列几种应变通的地方。

1. 学级不当废除

接德克利费氏主张学级本位的道尔顿制。其用意与我们不谋而合，因为我们在小学里施行道尔顿制的办法，是先依据学级本位而试验的。其后遂沿袭此制，不愿废除。逾今三载，我们觉得它的便利有下列三种。

一是小学教员负有训练、管理、养护的责任。学级制度存在，可由级任教员负此全责。

二是工艺、形艺、音乐、体育等科目，不适用于个别教授，均当分组练习。有学级制度，可以分级上课，不必另外分组。

三是学生学业的进度不齐，在各级和毕业上很成困难。有学级制度，可以使升级毕业的期限划一。

2. 科目尤当选择

小学的国语包括语言、读文、作文、写字四种，算术是包括笔算、珠算两种的。小学施行道尔顿制不能各科全都适合，且国语、算术科中仅有一部适合而其他部分不适合。施行的时候，宜酌量科目的性质审慎采用。

一是国语科语言和外国语是练习听说的科目，不当在作业研究的。

二是写字作文行班级教授是较为便利的。

三是珠算运用手指，注重反复练习，且在作业室里，足以扰乱旁人的。

3. 年级须有限制

如果有人说一、二年级可以施行道尔顿制，这真是一个大笑话；有人说三、四年级可以施行道尔顿制，这也是欺人之谈。依小学的课程来讲，三年级国语授以预习的方法，四年级社会科授以国家组织的概况。诸位猜想，三、四年级的学生，既没有了解文字的能力，又没有社会科的基础观念。怎能使用它去计划自学和讨论？所以要年级实行道尔顿制，非从五年级开始不可。

总上来说——存留学级制，选择教科，限制年级。——小学的道尔顿制，岂不成为有名无实的吗？其实不然，道尔顿制不是死板的、固定的、千载不移的、一成不变的。斟酌损益，因势变通，能合乎它的原则，就算是有了它的精神了。不然舍本逐末，强求适合，必至误人子弟而后已。不知现代的小学教育家，以我们的主张为然否？

（二）课程成果，离不开方向的指引和团队的合作

在《道尔顿制各科报告书》中，我们看到参与实验的各个学科的撰写人的名字，他们也应该是相关学科的实验负责人。任何一项教育改革举措，一定是团队成员各司其职、各负其责的成果。

李栋校长在《论道尔顿》一文中回顾自己的努力与对这一实验的认识。正是有这样的认识，才会有守护实验的团队，才有力量。

（三）课程要飞跃，质量是课程的生命

1978 年，原有的黑芝麻胡同小学被分成两部分，南锣鼓巷以东的

为前圆恩寺小学，南锣鼓巷以西的为黑芝麻胡同小学。学校抓住建设的机遇，大批引进人才，胡孟炎、牛广聚等人都是这一时期来到学校的。经历过曲折岁月的他们，身上有着无穷的力量，愿意为教育事业奉献自己的全部智慧。一方面，学校重视以老带新，集体教研，共同备课；另一方面，为教师提供广大的平台，接受全社会的检验。学校课程质量得以提升，学校被评为首批东城区重点学校。当时，人民教育出版社编辑出版全国通用教材，在北京选定两所学校为新教材实验校，黑芝麻胡同小学为其中之一。语文、数学两科分别由胡孟炎、金智民两位教师负责，人教社专家每周来听课。据说，数学教材主编曹飞宇教授一丝不苟，每当听到金老师未达到要求的地方时，就立即打断，在课堂上示范、交流教材的授课问题。黑芝麻胡同小学的几任校长，或为学科骨干，或为优秀教师，抓质量成为教育管理的共识，也让黑芝麻胡同小学保持发展。

(四)社团课程可以改变学校的面貌

20世纪80年代末开始，学校成立了鼓号队，努力开展各项活动，积极联系各方资源，设立了排球社团、国际象棋社团、民乐社团等课外活动小组，取得了优秀的成绩，产生了良好的社会影响。全校呈现出不断创新、生机勃勃的面貌。值得一提的是，1993年，学校的学生提出用自己的压岁钱给希望工程捐款，帮助偏远贫困地区的同龄人。这种对同龄人的关爱，感动了冰心老人。她在报纸上撰文表扬，号召全社会向学校的学生学习。

回顾学校的百年历史，不同的时代有不同的教育诉求：实现工权(1644—1902年)，维护帝制(1903—1911年)，培育国民(1912—1948年)，富强民主(1949—1999年)，个性发展(2000—2013年)，担当创新(2014年至今)。不同的教育目标使学校有了不同的名字，有了不同的课程设置，彰显出课程为时代发声的历史轨迹，留给我们面向未来的思考。

第一，中国梦首先是教育梦。当顺治皇帝想维系清朝的统治时，首先做的是建立培养干部的学校，让统治者掌握统治必备的素养。光绪皇帝发动的戊戌变法虽然失败，但其教育改革的举措却得到新旧两党的支持，予以保持。即使引入了格致、农业、商业等新学科，也不能改变它维护统治的实质，所以大部分学科都成了摆设。今天，面对新时代中国特色社会主义，我们的教育工作者审时度势，又开始了新的征程。

第二，教育梦要通过有梦想的课程来实现。回顾不同时代的课程，我们可以发现其中蕴藏着不同年代的梦想：清朝设置步射与骑射课程，因为皇帝相信马上可安天下；随着封建王朝的覆灭，课程由为本族培养管理人才的社会价值取向，向以儿童立场为本的个人价值取向转变；1922 年，原有的修身课变成了公民课，说明品德修养课程旨在把人培养成合格的公民。近年来，学校要培养具有创造活力的人，所以开设了许多个性鲜明、具有特色的课程。

第三，课程的发展不能脱离社会实际的情况。今天的人们看到民国初年所制定的教育目标："注重道德教育，以实利教育、军国民教育辅之，更以美感教育完成其道德"。看到蔡元培、陶行知、晏阳初等人留下了丰富的教育思想，看到档案上教师的高工资，人们惊讶地发现中国教育的现代化在民国时期就已经开始，甚至发出"回到民国"的呼喊。实际上，这是只重书本档案、脱离社会实际产生的误解，民国固然诞生了国际教育的名家，也制订了面向未来的教育计划，可惜并没有实现它的社会条件基础。学校校长李栋先生曾经撰文："京师公立各小学校，因经费无著，或于学期之始，开学愆期；或于学期之末，提前放假；或值学期之中，弦诵屡辍；于学校前途，影响实巨"，"教育隐忧，不可胜数"。

今天的教育，正与我们日新月异的社会一道，苟日新、日日新。如果说 100 年前，现代学校的创立需要我们有研究与创新的精神，那么新时代的教育，同样需要研究与创新的精神。

2013 年 9 月，北京市教育委员会推出"遨游计划"，旨在促进实验校进行课程自主化的变革实验。学校连续 6 年参与了"北京市中小学课程创新实验——遨游计划"项目的研究与实验，具体负责的项目名称为"面向生活构建学校创造特色课程体系实验研究"。学校力求通过"重新整合三级课程，充分挖掘课程资源；倡导学科融合，弥合知识裂缝”，构建出来源于生活、实践于生活、服务于生活的创造教育课程体系。

几年来，在北京教育学院的指导下，在参与实验的同侪的激励下，学校完成了如下几项工作。

学校完善了课程建设，初步构建了课程体系。围绕学校的办学理念，我们梳理了创造教育理念在学校的发展脉络，整合融通了学校课程的设置与发展，进一步明确了课程建设的理念。我们坚持一切从学生核心素养出发，坚持学校教育的供给侧改革：重新整合三级课程，充分挖掘课程资源；梳理学校发展的历史文化“存量”，进一步激发学校的创造“增量”，围绕学生核心素养的培养，初步构建更富学校文化特色的创造教育课程体系。

在课程创新上，学校以“创造教育”为核心，遵循“创造钥匙、创造阶梯、创造舞台”三个阶段的递进性发展；从五类三层，即数学与逻辑、人文与阅读、艺术与审美、自然与科学、品德与健康五类，基础创新能力、拓展创新能力、综合创新能力三层构建多彩的创造教育课程体系，最终达成育人目标。

通过几年的探索与实践，学校已初步形成“1＋4＋N＋X”(1 为创造教育课程体系，4 为基地，N 为专业学院，X 为资源单位)的课程结构，统筹整合各级各类资源。紧紧围绕创造教育课程体系，学校依托四大基地、多个学院及资源单位，全面为学生提供资源保障，大大增强了课程内容选择的自主性，从而实现基础教育在学校、特色发展在基地和学院、资源单位鼎力支持的大教育环境。学校借助多种渠道的选择，遵循学生自身的需求及成长规律，并不断更新与时俱进的课程内容，促进学生全面而有个性地发展，进一步提升学生的综合素质。

学校通过四大基地的使用与开发，加强对课程改革的统筹规划，开展课程探索的实践，整合教育领域内外的资源，提升基础教育的品质，增强学生的社会责任感、创新精神和实践能力。

课程实施是将课程付诸实际的途径。学校在把握课程结构的前提下，探索了“三个一”的课程实施途径，着力于转变学生的学习方式。一课自主、一科自主、一日自主，这三种途径相互依存并相互促进，不断助力学生的全面发展、个性成长。

一课自主，推动基础课程的丰富与拓展。学校激发教师的活力，拓展国家课程和地方课程的空间。自主课程以教师学科课时教学的形式出现，不列入课表，但将教学内容列入学科教学计划。

一科自主，凸显国际课程的前瞻与特色。学校立足学生的实际生活，以学生的发展需求为基础，整合学校、教师、社会的资源，开发符合时代发展需求、学生感兴趣且具有创新活力的国际化课程。

一日自主，实现教学改革的活力与创新。学校根据不同年级的学生特点进行了自主排课，分别开设教师走班、学生走班等形式各异的必修课和选修课，在全校开设各种特色素养类的校本课程，既加强了学生学习能力的培养，又充分发挥了授课教师的特长。

近年来，学校在各方面取得了骄人的成果，先后举办了8次市区级课程展示活动，获得了良好的社会声誉。学校于2014年召开了“北京市基础教育数字化课程资源开发机制与实验研究项目”阶段研讨会；2015年召开了北京市“国际优质课程开发研究与实验推进项目”阶段研讨会；2015年进行了北京市地方教材“《弟子规》新解”课程展示；2016年召开了“传承经典文化　提升语文素养——北京市语言文字规范化示范校实践课程”研讨会；2016年开展了“探索城市生活　培养创新能力”暨东城区“我们的城市”课程展示活动；2016年接受“民办教育机构参与中小学学科教学改革实验”项目组的专项调研；2017年举办了“志道游学　守正出新”中华优秀传统文化课程展示现场会；2018年召开“构建交互课堂　促进学习方式变革的数字教材应用”市级研讨会。

学校的课程建设获得社会各界人士的广泛关注。学校多次获得“北京市科研先进校”的称号；学校课程研究成果获得北京市基础教育课程建设优秀成果一等奖；学校承担了北京市教育科学“十一五”“十二五”规划校本研究专项课题；学校成为国家教育体制改革试验项目校和东城区特色课程项目组长校。创造教育课程体系中涌现出30余门精品课程：“阅读欣赏”“日常举礼”“古诗文诵读”“论语诵读”“语文课本中的成语”“童声朗朗”“跟我们学发音”“创意与填写”“美术与京剧”“手工创意”“陶瓷文化”“玩自己创编的游戏”“歌曲创编”“知行心语”“我们的邻居紫禁城”“我们的社区”“我们的城市”“我们的世界”“安全‘童’行”“媒介素养教育”“理财小达人”“时光沉淀的馨香”“‘芝’慧乐园”“数独游戏”“3D创意空间”“绿色能源电动车”“小芝麻走世界”等。

创造教育课程体系的建立，将陶行知的创造教育理念有效地实施到教育教学中。学校通过凝聚教师、家长和社会的合力，从学生的需要、时代的需求、国家的发展出发，增加学生体验和实践的机会，促进学生综合素质的提升，构建出培养学生的社会适应性、提高学生的综合素养的课程体系。

课程改革的目标是要通过高效的教育过程，不断改变学生的学习方式，以促进学生的可持续发展。因为课程最终要落实于课堂，所以我们把焦点放在课堂，以“创造教育”为核心，转变学生传统的学习方式，采取多种方式激发学生的学习兴趣和学习动机，让学生积极参加各种实践活动，使学生成为学习的创造者，让原来沉闷的课堂“活起来”，让课堂成为思想激荡、思维碰撞的神圣殿堂。

对历史的回顾，看似离题太远，但又与今天的课程话题密切相关，是我们教育者要坚守的初心。我们只有初心无悔，才会有不断的改革与进步。

我们只有走过时光沉淀的馨香，才会有更宽阔的胸襟和更长远的眼光，才会有更坚定的步伐向前走。

第二章

心始终向着远方——课程的价值取向

1938年，陶行知先生来到重庆考察难童的教育。陶行知认为，对难童的救助与教育，绝不是让他们被富人收养，而是让他们成为这个国家的未来。在反复思考后，陶行知致信宋美龄，提出要创办一所发现每位儿童的天赋与才能，培养天才儿童的"育才学校"。

在学校的课程计划中，他视语言、文字、图画、数学、逻辑为文化的工具、基础教育的内容，并且成立了生活小组，下设音乐、戏剧、文学、社会、绘画、自然、工艺、家艺等组，各编为一中队。虽然在这个过程中，具体的实施与计划有些不同，但是它体现出陶行知要培养音乐、戏剧、文学、社会等方面的创造型人才的理想。陶行知先生深入社会的底层，基于中国的社会现实需要，开展生活教育实践，开展平民教育、农村教育、民主教育、国难教育、工学团教育等运动。尽管各教育目标有所不同，但在他的教育目标中，始终为学生的未来、国家的未来留有位置：生活教育，不仅仅是"用生活来教育"，更是"为生活向前向上的需要而教育"。

课程不仅仅是为了解决学生当下的问题，更是为了建设美好的未来。在课程的设计与实施过程中，心始终向着远方，才不会因为眼前的艰难而迷茫，课程才会散发恒久的光芒。

第一节　创造就是我们的价值取向

1924年，中华教育改进社出版《小学课程概论》。陶行知先生在序言中写道："今日教育界责任之最重要且紧迫者，莫若利用教育学理解决学校课程问题。盖课程为学校教育之中心，假使课程得有圆满解决，则其他问题即可迎刃而解。"①

创造是人类心理活动的最高级过程，是兴趣、情绪、意志、性格、意识等各种心理活动在最高水平上的综合反映。创造能力是人才获得成功的最基本、最重要的能力，它既是一种高层次的思维能力，又是一种高层次的实践能力，二者缺一不可。如果仅仅只有创造性的思维能力，而没有高层次的实践能力与之配合，那也是不可能产生发明创造的。

创造力是智力发展的最高表现。人们根据一定的需要、目的和任务，积极主动地发挥创造思维的作用，去发现未被人认知的新事物，或对原有的知识、信息、经验进行重新加工、组合、归纳、演绎等，从而得到新的知识、新的概念、新的产品、新的理论、这种综合能力被称为创造力。②

创造教育观认为，只有培养人类的创造能力的教育才是最重要的教育，教育教学本身就应是一种创造性活动。实施创造教育，旨在改变教育者的思维方法和素质，开发创造潜能。教育过程应是创造性的，教师的创造教育意识和才能直接影响学生创造力的激发和培养。教师传授知识和技能的目的，主要是利用知识和技能去培养学生的创造意向与精神，培养学生的思维能力和创造能力。创造教育观与素质教育观等，都是伴随新科技革命产生的现代教育观念，它们是界定创造教育概念的理论基础。

---

① 《陶行知全集》第1卷，652页，成都，四川教育出版社，1991。

② 刘道玉：《创造教育概论》第3版，16页，武汉，武汉大学出版社，2009。

对创造教育的理解，学术界见仁见智，目前尚难以统一，但观念正在逐渐趋于接近。一种观点是把创造教育看作创造学的分支学科，认为创造教育就是依据创造学的有关原理，运用一套科学的、艺术的创造性教学方法，启迪学生的创造性思维，培养学生的创造意识和能力，塑造学生的创造人格和个性，造就大批创造型人才的新型教育。中国发明协会第二、三届副理事长张开逊先生的创造教育观更为复杂，他认为创造教育是根据创造学的原理，有机结合科学、教育学、心理学、人才学、生理学、未来学、行为科学等有关学科而发展起来的，旨在通过课堂教学、家庭教学和社会活动，帮助学生树立创造意识，培养创造精神，确定创造志向，发展创造思维，学习创造性发现和发明的技法与方法，从而开发潜在的创造能力。另一种观点认为，创造教育是教育的一个组成部分，是人类社会的永恒范畴，是一种特殊形式的社会实践活动。创造教育就是使学生在德、智、体、美、劳全面发展的同时，培养认知结构中构成创造力所需要的一切特质的教育。

根据马克思主义的观点，教育是促进人的全面发展的实践活动，而人的发展就是人的本质的培养与形成。从根本上说，创造教育的本质，就是实行优化教育，发展人的最优秀的本质。

所谓优化教育，即创造教育，是人类文明的象征，是社会与科技进步的结果，是培养优质人才的需要。

创造教育的目的包括以下几个方面。

第一，创造教育的人才观。创造型人才观是创造教育目的论的反映，它既规定着人才的规格，又是检验这些人才的标尺。创造型人才观强调教育要培养富有创造力的人才，提倡自由思考，鼓励发明创造。创造型人才观不是完全按照考试分数的高低来衡量学生的优劣，主要是根据学生的创造性的学习能力、应用和创造知识的能力以及科学研究中的发明创造能力来评价他们的才能。

著名心理学家阿瑞提（Arieti）在谈到创造教育的作用时说：“那些对于个人或群体所采取的方法步骤即便不能促使产生伟大创造力或新的一

群天才，那么似乎至少也能对这个年龄里的个人发生着作用。他们似乎是能够感受更多的事物、体验到更多的内容、以更多样的方式去思考、勇于进行更多的实践活动。”[①]这段话很深刻地说明，创造教育不仅在人的创造性素质、创造力的培养上，而且在教育的总体效果上，都是传统教育所不能比拟的。

第二，人的创造性素质的培养。创造型人才必须具备创造性的素质。创造教育的目的之一，就是赋予受教育者创造性的素质。所谓创造性的素质，即创造个体所具有的个性特征。

人的创造性的心理素质包括好奇心、求异心、自尊心、进取心和恒心。

科学发现源于好奇心。科学发明偏爱有心人，这里的有心人也就是具有好奇心的人。

求异心是一项十分重要的创造性素质，它包括对现成事物敢于质疑、挑剔、批判的特性。

自尊心无疑也是创造型人才必不可少的一项素质。自尊心是建立在自信的基础上的，它是独立个性的表现。

一个有创造力的人，毫无疑问是进取心很强的人。科学发明活动是极其艰苦的思维活动和实践活动，没有强烈的进取心是完不成的。

恒心即意志和毅力的表现。任何发明创造，没有锲而不舍的毅力和不怕牺牲的精神是不可能成功的。

第三，创造力的培养。创造力的培养像创造力的要素一样复杂，它既不是一项孤立的教育活动，又不可能收到“立竿见影”之效。因为我们比较看重二级智力要素的作用，所以我们认为创造力的培养应当重点放在观察力、思维能力和实践能力上。[②]

---

① ［美］S. 阿瑞提：《创造的秘密》，钱岗南译，469 页，沈阳，辽宁人民出版社，1987。

② 刘道玉：《创造教育概论》第 3 版，49 页，武汉，武汉大学出版社，2009。

创造教育的原则包括以下几个方面。

第一，关注生命，把欢乐还给童年。人是有灵气、有个性的鲜活的生命。人类创造出教育是为人的全面发展服务的，而不是让生命服从教育，做教育的仆役。教育必须能为人的全面发展服务，而绝不能异化为统治人的工具。关注生命，珍视生命，提高生命的质量，是教育原本固有的含义。创造教育必须提供条件，创造环境，必须关注生命，千方百计地提高生命的质量，真正做到“把欢乐还给童年”。

第二，因材施教，创造教育面前无后进生。“人人有才，人无全才”，这条由日本第十五届中央教育审议会咨询报告《21 世纪日本教育的发展方向》提出的原则，业已成为教育界的共识。教育必须因人而异，因材施教，使每位学生的创造潜能尽可能地发挥出来。

通常意义的后进生的不足反映在学科成绩上，并不表现在创造的潜能上。20 多年的创造教育的实践证明，在创造活动课上，思维活跃、发言积极、大胆质疑的往往不是通常的优等生，而是传统意义的后进生。这是由于创造活动课给了学生更大的活动空间，提供了学生展示才华、张扬个性、发挥创造潜能的氛围。

第三，活动是创造教育的生命与灵魂。创造总是与活动相伴的。创造在活动中产生，在活动中完成。没有了活动，也就没有了人类的创造；没有了活动，创造教育就没有了中介、失去了灵魂。创造教育自活动始，至活动终，活动必须贯穿于创造教育的全过程。我们要千方百计调动学生的积极性，让他们活起来，动起来，让他们动脑、动口、动手、动脚。

创造教育的目的只有在活动中才能实现。无论学科创造性教学，还是创造教育课，抑或创造性实践活动，都必须通过儿童积极、主动的活动来开发其创造的潜能。

第四，创设自由、民主、宽松、和谐的育人环境。任何创造、发明都建立在广博、深厚的基础知识之上。不接受必要的教育，任何创造、发明都不可能实现。同时，创造型人才不是教出来的，我们教不出伽罗华、爱因斯坦式的天才，也教不出爱迪生那样的“发明大王”。创造力教不出来，却可以培养。教育是一把双刃剑，它既可以培养、造就创造型人才，也可以摧残、扼杀人的创造性。这里的关键是要创设自由、民主、宽松、和谐的育人环境。在创造教育的四条原则中，这是最重要的一条。[①]

创造必须以转变教学观念为前提，具体体现在以下几个方面。

其一，变教师中心为充分尊重学生的主体地位。

其二，变接受性学习为创造性学习。

其三，变分数至上的评分标准为重点评价学生的创新精神与实践能力。

创造教育的目的在于培养学生进行创造性实践活动的能力。只有在创造性实践活动的过程中，创造教育的目标才能实现。学生创造能力的培养需要营造一个自由、民主、宽松和谐的教育环境与氛围。

课程既然是学校教育的中心，那么我们解决课程问题的价值取向又是什么呢？

一、共同的价值观决定学校的发展

价值取向是价值哲学的重要范畴，指的是一定主体基于自己的价值观在面对或处理各种矛盾、冲突、关系时所持的基本价值立场、价值态度和所表现出来的基本价值取向。价值取向具有实践品格，它的突出作用是决定、支配主体的价值选择，因而对主体自身、主体间的关系、其他主体均有重大的影响。价值取向的合理化是人类进步的信念。

人们在工作中的各种决策判断和行为都有一定的指导思想和价值前提。管理心理学把价值取向定义为：在多种工作情景中指导人们行动和决策判断的总体信念。人的价值取向直接影响着工作态度和行为。第十届诺贝尔经济学奖获奖者赫伯特·西蒙(Herbert Simon)认为，决策判

① 赵承福：《我的创造教育观》，载《山东教育科研》，2002(12)。

断的两种前提为价值前提和事实前提。这说明了价值取向的重要性。

课程的价值取向，就是我们的课程价值观。更通俗地说，人们基于对课程总的看法和认识，在制订和选择课程方案以及实施课程计划时所表现出的一种倾向性。课程的价值取向是学校发展、教师发展、学生发展的核心问题和前提问题。课程的价值取向，就是一所学校的教育价值取向。

2018 年 9 月 10 日，全国教育大会在北京召开。习近平总书记做出重要讲话。他指出：培养什么人，是教育的首要问题。我国是中国共产党领导的社会主义国家，这就决定了我们的教育必须把培养社会主义建设者和接班人作为根本任务，培养一代又一代拥护中国共产党领导和我国社会主义制度、立志为中国特色社会主义奋斗终身的有用人才。这是教育工作的根本任务，也是教育现代化的方向目标。

坚持立德树人，培养社会主义建设者和接班人，就是教育的价值取向，是教育的根本问题和出发点。而坚定理想信念，厚植爱国主义情怀，加强品德修养，增长知识见识，培养奋斗精神，增强综合素质，全面加强和改进学校美育，在学生中弘扬劳动精神，是实现这一价值追求的路径。

这是国家层面教育的价值取向与实现路径。在学校的教育实践中，在坚守这一价值的基础上，我们应根据学校的历史文化、发展阶段的要求等确立自己的个性化目标与追求。

习近平总书记指出：创新是中华民族最深沉的民族禀赋。所以，教育就有传承这禀赋的责任。黑芝麻胡同小学课程的教育价值追求的最高境界是创造。创造是一种激情、一种能力、一种态度，更是学校生存发展的动力。学校以人的发展为本，通过人性化的情感关怀、人文化的教育措施和人本化的发展策略，引导师生热爱生活，勇于创造。

二、坚持创造路让学校进行特色发展

学校将“国际视野、创造精神”作为自己的价值追求与办学理念，是经过长期酝酿的。在黑芝麻胡同小学，人人知创造，事事要创造，处处弥漫着创造的气息。这样的氛围不是一天形成的。

(一)黑芝麻胡同小学的“创造”历史

早在1934年，李栋校长提出，教育界同人需要具备三种精神：研究的精神、批评的精神和创造的精神。黑芝麻胡同小学本部校区的历史，可以追溯到1948年在前圆恩寺内创办的私立弘仁小学。参与创办的教师朴之涵、宁堃，都有在香山慈幼院受教育的经历。在创办慈幼院之初，这里的学生也是唱着“陶歌”(陶行知为达教育学生的目的，编写了许多打油诗，后谱成曲，传唱至今)长大的。1951年，私立弘仁小学董事会改组，与煤矿管理总局合作办学。朴之涵在发言中说：希望双方的合作，能够把学校建设成学生的乐园。这一提法出自陶行知的“敲碎儿童的地狱，创造儿童的乐园”。

2006年，黑芝麻胡同小学建成了东城区第一所陶行知教育思想实践基地。学校充分研讨办学理念的内涵，学习陶行知先生的著作与办学思想，在学习的过程中，感受到创造教育的魅力，组织教师一起撰写《黑芝麻胡同小学创造宣言》，提出了创造教育的办学特色。自此，“处处彰显创造性，让创造像呼吸一样自然”成为师生共同的精神追求。在“爱满天下”的精神感召下，全体师生投入创造教育的实践。

学校的卫生部门按照陶行知提出的“健康第一”来要求自己的工作。德育部门在学生中引入“小先生制”，实现学生的自我管理。在“玩自己编的游戏”体育活动课程中，师生合作开发了“系扣解扣”“牛拉牛”等精彩有趣的游戏，既破解了小场地空间少的锻炼难题，又让学生在快乐游戏中得到充分锻炼。“唱自己创编的歌曲”“跟我们学发音”“知行心语”“成语龙门阵”“美术与京剧”等课程的相继开展，丰富了传统课堂，让学生充满创造的活力。

创造教育的精神要求学校借鉴和开发反映学生生活、符合时代精神的国际视野课程。在“我们的世界”课堂上，学生在座位间穿梭，忙着和同学交换“糖果”，为了收集自己喜欢的“糖果”进行“交易”，并在这一过程中理解经济的现象与本质；在“我们的城市”课堂上，学生为自己的“餐馆”选址、制定价目和宣传方案，在纸上创业的过程中体验城市规划与商业行为的联系。自2006年开始，黑芝麻胡同小学先后开发的“我们的世界”“我们的城市”“理财小高手”“安全‘童’行”等课堂成为学生创造新生活的基地。在“媒介与信息素养”的课堂上，学生拍“电影”、做“广告”；讨论电视节目的安排、讨论发微博的快乐和危险……2008年，面对媒介迅速发展所带来的网游成瘾、信息泛滥等社会问题，响应专家的提议，黑芝麻胡同小学率先与中国传媒大学合作，在五年级开发“媒介素养教育”课程。这些贴近学生生活的课程受到学生的欢迎与社会的重视，现在都已成为北京市的课程改革项目。学校的研究内容与成果被广泛推行与展示，学校还被授予首个联合国儿童基金会“儿童参与媒介”项目示范校。学校申报了“媒介素养教育融入日常课堂教学研究”课题，让更多的教师投入教育科研。学生每学期都有机会走进南锣鼓巷的店铺，在“京绣”中了解中国服饰文化、在“剪王剪纸”里体验民间艺术、在“茶社”里品茗话茶……学生在这些特色店铺里听主人讲故事，感受传统文化与现代生活的融合之美。

(二)黑芝麻胡同小学的今日“创造”

2014年，吴健校长调任，她深入考察师生。学生的创新成果、教师在教学工作中所表现出来的创造意识给她留下深刻的印象。她提出将创造教育作为学校的特色，必须予以继承和发扬。学校要以质量为抓手，不断丰富课程成果，完善创造教育的课程体系。2016年1月，学校与织染局校区合并为黑芝麻胡同小学优质教育资源带。学校所在的学区从原有的南锣鼓巷地区，扩大至景山以北至鼓楼以南，北京水系发展的重要见证——玉河，怀抱其中。一校六址，四大校区各有侧重，有的是古老的四合院，有的是现代化的教学楼，古韵与时尚并存。学区既是保存元代遗迹的古老胡同街区，又是国内外游客的国际休闲旅游区。党的十九大后，新时代中国特色社会主义的学校教育，如何才能与所在地域一起共同发展，是摆在校长与师生面前的重大课题。

面向新时代，规划未来五年、十年，甚至更长时期的发展，我们首先需要有新的办学理念。对于这个理念，吴健校长有自己的理解，如下。

随着开放型经济时代的到来，世界各国的合作越来越紧密，时代需要的能力越来越多元。人才培养战略发生了巨大转变，我们越来越需要具有创造性的综合型国际人才，这就要求我们把培养学生的世界眼光与国际视野、培养学生的创造性提上日程。只有这样的人才，才能适应瞬息万变的社会，也才能真正为社会和国家所用。

学校地处胡同深处。南锣鼓巷这个国际窗口让师生们每天都能接触到全国乃至世界各地慕名而来的游客。同时，随着市场需求和激烈的竞争，这一地区的商业贸易日趋多元化、国际化。学校基于地理特点，将胡同文化保护区的地域资源与东城区“打造国际化、现代化新东城”的发展目标相结合。

没有“根”的教育必然浮躁。一所学校最重要的是要有灵魂，要有一种思想做坚硬的支撑。学校的办学理念源于陶行知的教育思想宝库。经典的理论至今仍具有鲜活的力量，它让我们在教育实践中明确自身的发展方向，开阔教育视野，深化教育思想，从而更好地投身于实践。它仿佛一缕晨光，照亮了学校人的梦想；又如一脉活泉，为学校的发展强基固本，使其枝繁叶茂，欣欣向荣。

吴健校长把笔记本带在身边，记下了关于办学理念的点滴思考，记下了和教师的访谈意见，把这些不断充实到办学理念之中。一个顺应时代发展需求、基于学校独特的地缘优势、源于坚实丰厚的理论支撑的办学理念就此诞生了。

“国际视野，创造精神”这一办学理念，既是学校文化长期积淀的结晶，也是学校永恒的信念和不懈的追求。它饱含着我们的深刻思考，蕴含着丰富的文化内涵，既是对时代发展的感召，也是对历史文脉的继承。

为什么要有“国际视野”？这是我们对时代感召的回应。2010 年发布的《国家中长期教育改革和发展规划纲要(2010—2020年)》明确指出，要提高我国教育的国际化水平，适应国家经济社会对外开放的要求，培养大批具有国际视野、通晓国际规则、能够参与国际事务和国际竞争的国际化人才。国际化已经成为教育发展的一种世界趋势，它不仅是一种教育理想，而且是一种正在世界范围内展开的教育实践活动。教育的国际化，就是用国际视野来把握和发展教育。视野决定胸怀，决定境界，决定命运。因此，我们以黑芝麻胡同小学为立足点，放眼未来，吸收和借鉴国际上先进的教育思想与理念，培养学生对多元文化的理解能力和国际竞争意识，开阔学生的国际视野，推动跨文化交流。我们要使师生具备广阔的国际视野，让每一个学校人都有世界眼光，昂首阔步地追寻美好的未来。

为什么要有"创造精神"？这是我们对历史文化的继承。陶行知的思想是中国教育的宝藏，他"歌唱现代的创造，创造到无穷的将来"，提出创造教育理论。学校将陶行知的创造教育理论作为办学理念，在教育中真正做到敢于创造，乐于创造，让"学陶，师陶"的风气在全校蔚然成风，使每位学生都沐浴到大师的光辉，享受到精品的教育，扬起创造的风帆，勇敢逐梦。

国际视野决定了创造的平台、境界和质量，创造精神决定了国际视野的广度、方向和目标。两者相辅相成，共促学校的可持续发展。

办学理念是一所学校对其生存理由、生存动力、生存期望的深层次思考的结晶，是一所学校发展的不竭动力，是一所学校核心价值理念的核心表达。这种表达反映了一所学校的办学品质和教育追求。理念的生成必须根植于学校的沃土，遵循社会和学生的发展规律，体现当下的时代精神与风貌。

办学理念是学校的"根"。有了它，我们的教育就会永远充满活力。习近平总书记指出：创新是民族进步的灵魂，是一个国家兴旺发达的不竭源泉，也是中华民族最深沉的民族禀赋。要传承这种民族禀赋，是教育工作者的责任与义务。黑芝麻胡同小学的师生们对办学理念充满自信，对创造教育充满自信，对学校的未来充满自信。为教师和学生构建出一片鲜活的教育沃土，使其获得可持续发展，是学校的责任与使命。做有“根”的教育，育“鲜活”的课程，行“智慧”的管理，营“自觉”的文化，是学校在创造教育实践过程中的四部曲。

“处处彰显创造性，让创造像呼吸一样自然”成为黑芝麻胡同小学的文化自觉。学校文化建设是教师的勇气和智慧的结晶，更是学校管理者的勇气和智慧的结晶。创造教育是砥砺人前行的生命教育，是尊重个体发展的人本教育，更是生生不息、历久弥新的创新教育。这一点和我国创造教育先驱陶行知先生所说的“处处是创造之地，天天是创造之时，人人是创造之人”的观点不谋而合。创造教育是培养民族活力的教育，是培养学生创新能力的教育。只要有一滴汗、一滴血、一滴热情，便是创造之神所向往的行宫，就能开创造之花，结创造之果，繁殖创造之森林。

第二节　向源头取创造活水

创造教育是学校“践行陶行知教育思想，让学生享受精品教育”的成果。它源于陶行知在20世纪初提出的创造教育理论。中国近现代创造教育的先驱陶行知深刻地阐述了创造教育对于国家发展的重要意义，并反复强调创造型人才和创新精神培养的重要性。学习陶行知的创造教育思想将有助于增强创新意识，在教育实践中努力培养创新人才，以适应时代发展对于教育所提出的要求。

陶行知创造教育思想的提出经过了一个孕育、萌芽、发展、成熟的过程。这一过程可以对我们今天的创造教育之路给予滋养。

一、创造教育之源

早在百年前，美国教育哲学家杜威(Dewey)就针对传统教育不利于发展学生的创造思维能力和缺乏创造性，提出了开展创造教育的思想。

杜威在批判赫尔巴特(Herbart)的传统教育时提出了一些新的教育观念，采取了一些新的做法。例如，他反对学校教育脱离社会，提出了“学校即社会”；反对以教师为中心，主张发展学生的个性，提出“以儿童为中心”；反对以书本为中心，提出“从做中学”，要在学校设立活动场所等。杜威的教育思想反映的某些构想和做法，如强调学校与社会联系，强调学生的主体思想等，对于改变学校封闭僵化的状况和培养学生独立思考的创新精神都是有积极意义的。杜威的教育观无疑具有创造教育的身影。①

20世纪三四十年代奥斯本(Osborn)继承了杜威的创造教育思想，并把创造教育思想付诸实践，在法布罗大学开展了创造教育的实验研究。他建议在以下三方面进行努力：开设专门研究创造性的课程；在实践课程中运用创造原则与方法；在学科课程教学中运用能产生丰富想象的创造性授课方式。奥斯本提出的三点建议，是实现他的促进创造能力充分发展的教育目标的三条途径，并不是对所谓广义创造教育的分类。把所谓广义创造教育划分为发明教育、创造教育(狭义)和创造性教育，在逻辑上不符合分类的要求，因为三种教育的内涵重合过多，而且发明教育也不过是创造教育(狭义)的一个子系统而已。这样的分类在理论上也难以准确把握，容易造成理解的混乱。因此，我们可以不使用广义和狭义的概念，兼顾教育对象和内容，采用两种称谓法：创造力开发和创造教育。创造力开发的内涵相当于广义创造教育加上发明教育；对象主要是各行各业的成人；内容主要是创造技法和创造性思维训练，采用培训模式。创造教育相当于创造性教育加上狭义创造教育；对象主要是学校中的青少年学生；内容除创造技法和创造性思维训练外，还有创造性人格或创造品质的培养，采用教学模式。②

---

① 刘道玉：《创造教育概论》第3版，44页，武汉，武汉大学出版社，2009。

② 王跃华：《创造教育的几个理论问题》，载《南京师大学报(社会科学版)》，1986(2)。

二、创造教育之成

陶行知先生是创造教育的集大成者。陶行知先生早年留学美国，于1917年秋回到中国从事教育实践活动。他看到国内教育界因循守旧、不思革新的现状，连续发表《试验主义之教育方法》《教育研究法》《教学合一》《试验主义与新教育》等文章，并在实践过程中不断更新认识，逐渐形成其独立的教育思想体系。1919年，陶行知明确提出“创造”一词，他在《第一流的教育家》中写道：“敢探未发明的真理，即是创造精神；敢入未开化的边疆，即是开辟精神……在教育界，有胆量创造的人，即是创造的教育家；有胆量开辟的人，即是开辟的教育家，都是第一流的人物。”

将试验主义引入中国教育，在不断深入实践的过程中，陶行知的思想体系日益丰满。他改变老师杜威“教育即生活”的观点，提出“生活即教育”的思想，并在南京晓庄学校等的教育活动中逐步完善。生活教育理论主要表现在“生活即教育”“社会即学校”“教学做合一”。

生活教育理论是陶行知教育思想的核心，包括三个基本观点：生活即教育，社会即学校，教学做合一。陶行知所说的“教育”，不仅指学校教育，而且包括学校教育在内的整个社会生活的广义教育。生活即教育，不是说生活等同于教育，而是说教育与生活经历同一过程，教育离不开生活，生活离不开教育。同时，他提出“教育具有终身性”“教育与个人生活共始终”。

创造教育思想就是陶行知生活教育理论的精华与发展。“创造的教育是以生活为教育，就是生活中才可求到教育。”只有在良好的生活氛围中，在生活中学习和创造，才能最大限度地发展学生的聪明才智。

1933年，陶行知在《教育建设》上发表了《创造的教育》。这篇文章对于什么是创造教育，以及创造教育的目的、对象、范围、内容、方法等做了较为全面系统的阐述。因此，这篇重要文章的发表，标志着陶行知的创造教育思想正式形成。

在《创造的教育》一文中，陶行知提出：由行动而发生思想，由思想产生新价值，这就是创造的过程。他以极大的热情投入创造教育的实践，尤其在育才学校的创办实践中，他逐渐形成了更加成熟的创造教育思想。他说："我们要打倒传统的教育，同时要提倡创造的教育。"1941年，他在育才学校开展"创造年"活动，全面激发和展现学生的创造才能。1943年，他发表《创造宣言》，高声呼喊："处处是创造之地，天天是创造之时，人人是创造之人，让我们至少走两步退一步，向着创造之路迈进吧。"1944年，他发表《创造的儿童教育》，全面论述创造教育思想。1945年，他发表《创造的社会教育》，为解放老百姓的创造力而呼喊。

1933年，他提出：手和脑在一块儿干，是创造教育的开始；手脑双全，是创造教育的目的。1943年，他进一步完善这一观点，提出教育者所要创造的是真善美的活人；教育不能创造什么，但它能启发解放儿童创造力以从事于创造之工作。创造教育不仅重在解放儿童的创造力，而且还要"使他们为自己创造，为社会创造，为国家创造，为民族创造"，强调"行动是中国教育的开始，创造是中国教育的完成"。

三、创造教育之法

创造教育的真知灼见，今日读来依然振聋发聩。即便在几十年后的今天，仍是时代的强音。陶行知创造教育的实践经验对于我们来说有着重要的借鉴与启发意义。

(一)陶行知的创造教育之法[①]

1. 有了适当的营养，才能发生高度的创造力

学生的身心发展具有不均衡性。因此，在身心发展的敏感期，学生的体力与心理都必须得到充足的营养，才能发展高度的创造力。学生创造力的培养，是要有物质基础的。"充足的营养"是培养和发挥高度的创

① 《陶行知选集》第2卷，304～306页，北京，教育科学出版社，2011。

造力的基本条件，没有这个基本条件，学生就不会有强壮的身体、健全的心理，就会使刚刚被解放出来的创造力扼杀在摇篮里。

2. 需要建立下层的良好习惯，以解放上层的性能

这一点对学生的行为习惯有了一定的要求。学生良好的生活习惯是向上飞跃、进一步创造的基础。

3. 需要因材施教

学生的创造力是千千万万祖先，至少经过五十万年与环境适应斗争所获得而传下来之才能和精华，又因遗传与环境的变化而人人不同。因材施教，就是因应学生个性成长，给予与之相适应的营养，让百花都盛开。

4. 解放儿童的创造力

“我们要真正承认小孩有创造力，才可能不被成见所蒙蔽”。只有承认儿童有创造力，才可能谈得上解放儿童的创造力。在此基础上，陶行知提出了解放儿童创造力的著名的“六大解放”的主张。

一是解放儿童的头脑。过去，儿童的创造力被固有的迷信、成见、曲解、幻想层层裹头布包缠了起来；要解放儿童的创造力，先要把儿童的头脑从迷信、成见、曲解、幻想中解放出来，解放了头脑，才会产生创造力。

二是解放儿童的双手。过去，儿童不许动手，动手打手心，摧残了儿童的创造力。陶行知说：“中国对于小孩子一直是不许动手，动手就要打手心，往往因此摧残了儿童的创造力。”他一贯重视手脑并用、手脑相长。他以爱迪生的母亲把地下室用于给学生做实验为例，号召“护育员或先生跟爱迪生的母亲学，让小孩子有动手的机会”。

三是解放儿童的嘴。“小孩子得到言论自由，特别是问的自由，才能充分发挥他的创造力”。他曾写诗阐述这一道理：发明千千万，在于一个问。

四是解放儿童的空间。他指出：“创造需要广博的基础。解放了空间，才能搜集到丰富的资料，扩大认识的眼界，以发挥其内在之创造力。”解放儿童的空间，让他们去接触大自然中的花草、树木、青山、绿

水、日月、星辰，以及大社会中之士、农、工、商、三教九流，自由地对宇宙发问，与万物为友，并且向中外古今三百六十行学习。让儿童到大自然中去培养、锻炼观察力。敏锐的观察力是创造的重要条件，“观察愈力，则物感愈众，天文等学之发明，俱赖于是”，如此才能将“那奥妙的新理，一个个的发现出来”。

五是解放儿童的时间。陶行知在《创造的儿童教育》中明确指出：“我个人反对过分的考试制度的存在。一般学校把儿童全部时间占据；使儿童失去学习人生的机会，养成无意创造的倾向，到成人时，即有时间，也不知道怎样下手去发挥他的创造力了。”所以，创造的儿童教育，一定要为儿童争取时间之解放。

六是解放儿童的眼睛。陶行知在《民主教育》中指出：“培养创造力，以实现创造的民主和民主的创造。解放眼睛，敲碎有色眼镜，教大家看事实。”戴有色眼镜进行的研究，即使有“成果”，也不能算是创造。他在《我们要看世界》一诗中写道：“我是一个大孩，我们要看看世界，认识世界，和大家一同来改造世界。”儿童通过观察事物和现象，就能认识自然、社会、人生，并产生探索真理的动机，进而产生创造活动。

5. 教学做合一

陶行知在1919年就撰写《教学合一》一文，批判传统教学法“重教太过”“教学分离”的流弊，主张“把教和学联络起来”。与此同时，他在南京高等师范学校把“教授法”改为“教学法”，从课程改革上实现了教学合一的有益尝试。

1922年，他进一步提出：“事怎样做就怎样学，怎样学就怎样教；教的法子要根据学的法子，学的法子要根据做的法子。”1928年，他发表《教学做合一》，完整地阐述了这一思想。教学做合一既是生活教育的方法，又是创造教育的方法。陶行知在强调“教学做合一”时，认为：“创造教育，非但要教，并且要学要做”，“做的最高境界就是创造”。

6. 创造力最能发挥的条件是民主

陶行知指出：“如果要大量开发创造力，大量开发人矿中之创造力，只有民主才能办到，只有民主的目的、民主的方法才能完成这样的大事。”“在民主动员号召之下，每一个人之创造力都得到机会出头，而且每一个人的创造力都能充分解放出来。只有民主才能解放最大多数人的创造力，并且使最大多数人之创造力发挥到最高峰。”比如，南京晓庄学校和育才学校实践中的“小先生制”，都是以民主为基础条件的。

7. 把我们摆在儿童的队伍里，成为学生的一员

陶行知的创造教育需要创造型教师。只有加入儿童的队伍，教师的创造力才会得以释放。“教师的成功是创造出值得自己崇拜的人。先生之最大快乐，是创造出值得自己崇拜的学生。”学校应“创造健康之堡垒”“创造生产之园地”“创造学问之气候”“创造真善美之人格”。他强调：教师“就须胆量放大，将试验精神，向那未发明的新理贯射过去；不怕辛苦，不怕疲倦，不怕障碍，不怕失败，一心要把那教育的奥秘新理，一个个的发现出来。”这说明，教师要有献身精神、创造精神，教师的创造意味着艰辛劳动、应对困难和挫折，甚至做出某种牺牲。教师要做到“学而不厌，诲人不倦”“教学相长”“言行一致”“自化化人”，只有不断追求新知，勇敢追求真理，才能不断进步创新，产生教育的创造力。

陶行知的创造教育思想反映了现代教育理论的发展趋势，对于我国推进素质教育和创新教育、改革现行教育制度、促进教育事业发展有着启迪和现实指导意义。科技时代、信息时代，是智力战的时代；经济全球化浪潮风起云涌，知识经济初见端倪，综合国力竞争日趋激烈。综合国力竞争的决定因素是人，人的创造素质是其整体素质的核心。谁拥有发达的教育，拥有大量高素质的创造型人才，谁就拥有最有效的财富和创造财富的基础，就能在未来世界的发展中居于主导地位。

(二)其他学者的创造教育之法

其他学者提出了当代创造教育之实施方法：要保证创造教育积极、持续、健康的发展，必须依据新形势，制定新策略。他们从宏观层面确定了深化创造教育的研究的四个策略。

1. 建立科学的评价和管理机制，确保创造教育的积极发展

创造教育承认学生的个性差异和潜能差异，反对用单一的学业考试成绩来评价和管理学生。因此，改变“统一化”的教育评价模式和“工厂化”的教学管理模式，为创新型人才的成长和发展提供民主、和谐、宽松的教育环境，是实施创造教育必不可少的保障机制，即创造教育评价与管理机制。

2. 寻找创造教育实验的载体、依托、主渠道、突破口和生长点，推动创造教育的持续发展

创造性思维训练系列课、创造性实践活动和学科创造性教学等在创造力的培养和发展中都各有其独特的、不可替代的作用。[①] 在创造教育实验中，只有善于抓住这些关键环节，才能有效地推动创造教育的持续发展。创造性思维训练系列课是实施创造教育的载体；创造性实践活动是实施创造教育的依托；学科创造性教学是实施创造教育的主渠道；发挥实验区或实验点、实验者的自身特点和优势是实施创造教育的突破口。在新形势下，能够使创造教育突破高原期和获得新发展的研究项目与内容是实施创造教育的生长点。

3. 借助现代教育技术和手段，实现创造教育的跨越发展

创造教育和中小学信息技术教育是信息时代的一对“孪生兄弟”，理应走向融合。基于此，我们在创造教育实验学校提出了“现代教育技术行动”计划，主要内容包括四个方面。其一，每个教室，至少是实验室和图书室都要连接校园网；其二，每位学生都能使用电脑，高年级学生最好还能设计计算机程序；其三，每所学校都能获得优秀的课程教学软件；其四，鼓励教师使用新技术进行教学。

4. 通过提高学生的创造力水平来提高学习效率和学业成绩，促进创造教育的健康发展

这需要在实践操作上研究如何将学生的创造力转化为学生的学习效

① 陈泽河：《小学生创造力开发实验研究报告》，见《创造教育研究新进展》，146页，济南，山东人民出版社，2002。

率和学业成绩，从而推动创造教育的健康发展。这方面的研究尚处于起步阶段。其基本做法和设想是采用行动研究和自然实验法，加强与高等师范院校的合作，重点研究以下两个方面。一是创造型教师的培养途径研究。我们力图通过这个研究，培养一批创造型教师，以此来培养创造型学生，提高全体学生的创造力水平。二是学生的创造力水平与学习效率及学业成绩的相关研究。我们重点探讨创造力转化为学习效率和学业成绩的机制，以达到实施创造教育，提高学生的创造素质，减轻学生的课业负担，开创素质教育新局面的目标。[①]

第三节　用发展的蓝图唤醒创造的活力

学校在办人民满意的教育过程中，努力让学校的文化之“魂”活起来，传承历史文脉，汲取文化精髓，着意寻根，全力铸魂，提出了“国际视野，创造精神”的办学理念。以创造教育为特色，实现教师、学生和学校的共同发展，即教师向着科研型、专业化的方向发展，拥有广阔的视野和国际的胸怀；学生向着自主型、可持续的方向发展，具有世界的眼光和创造的能力；学校向着创新型、国际化的方向发展，打造具有国际影响力的学校。

一、在理念的引导下构建纲领

办学理念不只是校长的核心治校思想、办学方针，在获得了学校师生的认可后，更是一所学校的生存动力与自觉的行动指南。但是，办学理念的呈现却不应该是孤零零的，它应该能够体现出这一理念下学校的全面发展与特色发展。为此，吴健校长带领科研部门与干部群体，围绕办学理念形成了黑芝麻胡同小学新时代的办学纲领，如表2-1所示。他们经过反复研讨，日益完善，编写成《北京市东城区黑芝麻胡同小学文化读本》。

① 张兴华：《创造教育策略研究》，载《教育研究》，2002(10)。

表 2-1　黑芝麻胡同小学新时代的办学纲领

办学目标	学校向创新型、国际化方向发展，打造具有国际影响力的学校
办学理念	国际视野，创造精神
核心价值观	爱与创造
育人目标	培养会学习、爱生活、能自主、敢创新的未来世界人
校训	求真、崇善、尚美、创新
管理理念	尊重、民主、多元、开放、可持续
管理原则	服务、指导、协调、整合
教师观	怀揣教育梦想，充满教育激情
学生观	自主、自治、自育

黑芝麻胡同小学地处南锣鼓巷地区的胡同深处，校址多，地方小。有人形容学校就像在针尖上跳舞，而一代代校长、教师的努力，让针尖上的舞蹈越跳越美，使学校具备了较高的社会知名度。独特的地理优势使学校传承着丰厚的历史和传统的中国文化情怀，同时南锣鼓巷这个国际窗口又使其承载着多元而开放的文化基因，充满着现代化的教学气息。学校本着继承和发展的精神，不断探索，追求卓越；本着文化办学的理念，描绘出未来的发展定位：创设丰厚的文化氛围，启迪师生的创造能力，熔铸鲜明的办学特色，打造优质的教育品牌，让“小芝麻”有大格局、大视野、大作为、大发展，形成一个具有先进教育思想、科学管理体系、优质教师队伍、先进教育技术、浓厚文化氛围和良好社会信誉的特色教育文化体系。

我们把“国际视野，创造精神”作为自己的办学理念，以引领我们实现办学目标、育人目标，实现我们的价值追求。

学校的核心价值观，是学校精神文化的核心，是学校最重要、最根本、最有影响力、最持久的信仰与追求，是融入学校每个成员血液的基因。学校的核心价值观为：爱与创造。“爱满天下”和“创造教育”是陶行知教育思想的灵魂和精髓，也是学校的核心价值观“爱与创造”形成的基石。爱是人的道德的核心，公民素养和健康人格都源于爱，同时因爱而升华；创造是一个人、一所学校和一个国家发展的动力，是可持续发展的生命活力。我们将两者结合，融汇成“爱与创造”的核心价值观，将其作为一种永恒的印迹融入师生的血脉，使其静默而持久，无形而深刻。

办学目标是学校发展前景的设计，是学校不断追寻的方向。办学目标一旦确定，就具有强大的感召力和凝聚力。学校着眼自身实际，立足社会需求，导向未来理想，确立了“学校向创新型、国际化方向发展，打造具有国际影响力的学校”的办学目标。追求创新型、追求国际化是一种前行的姿态，更是我们不断发展的决心与追求。学校认真分析自身优势，充分发挥南锣鼓巷的地缘优势，充分利用其作为国际窗口所带来的地域资源，抓住发展契机，借鉴国际化课程，开展国际交流，不仅向外国展现了我们的基础教育，而且借鉴了各国的教育方法，博采众长，注重多元发展。我们要打造这样一所学校：在脚踏实地的基础上不断追求卓越，兼具传统与现代，将本土与国际共融，吐故纳新，着眼未来，走向世界，让学校具有国际影响力。

育人目标是教育事业的根本问题，也是我们办学的永恒主题，包括“培养什么样的人”和“怎样培养人”两个方面。学校在办学理念的引领下，基于自身定位和时代需求，将“培养会学习、爱生活、能自主、敢创新的未来世界人”确定为育人目标。“未来世界人”是我们不断追求的目标。胸怀的宽度决定成功的程度，视野的广度决定思想的深浅，境界的高度决定人生的格局。所以，我们培养学生要拥有世界眼光，以开放和包容的心态看世界、求发展，博采众长，完善自身，成为一个登高望远、全局在胸的世界人，笃定地驶向自己理想的彼岸。

校训，是一所学校的灵魂，体现了一所学校的办学宗旨和精神风貌。学校从理念出发，基于多年的教育实践，提炼出了“求真、崇善、尚美、创新”的校训，得到了全校师生的一致认可。“求真”引领师生学做真人，学做真事。陶行知说道：“千教万教教人求真，千学万学学做真人。”“求真”要求学校在治校办学的过程中发扬求真务实的精神，坚持实事求是，与时俱进，遵循办学的规律、师生成长的规律；要求师生追求真学问，学习真本领，学做真人，学做真事，教师在脚踏实地的实干中获得发展，学生在认真快乐的学习中获得成长。“崇善”倡导师生修身养德、善行天下。《礼记·大学》曰：“大学之道，在明明德，在亲民，在止于至善。”“崇善”反映了学校师生善在于心、善行天下的风范。我们倡导学校要崇善、向善、行善，教师要以师德为范，以自身的人格魅力去影响、教育、发展和完善他人；学生要明礼修身，完善人格，追求人格、学识和谐统一的完美境界。“尚美”要求师生崇尚美好、提升境界。“各美其美，美人之美，美美与共，天下大同。”“尚美”体现了学校对心灵之美、道德之美、艺术之美和精神之美的追求。我们倡导师生要内外兼修，既要形成正确的审美观念和价值取向，又要学会欣赏美、发现美、发扬美和创造美，追求一种小美于形、大美于心的境界。“创新”引领师生与时俱进、追求卓越。《礼记·大学》有言：“苟日新，日日新，又日新。”创新是一个民族进步的灵魂，是一个国家兴旺发达的不竭源泉，也是中华民族最鲜明的民族禀赋。一所学校只有不断创新，才能与这个飞速发展的时代俱进。学校倡导师生做事不能程式化，也不能因循守旧、墨守成规，要有创造力，在实事求是的基础上拓展思维、打破常规，不断培养自己求新、求变的创新能力。

管理理念是管理的价值导向，是管理永续发展的动力源。学校基于办学理念和育人目标，提出了“尊重、民主、多元、开放、可持续”的管理理念。“尊重”是激发热情的基本要求。每个人来到世界上都有被尊重、被关怀和被肯定的渴望。激发热情的一个最基本的要求就是尊重，只有人在感受到由衷的尊重时，才能踏踏实实地做好每一件事。学校在管理的过程中，尊重师生的人格，充分肯定师生的价值，使每个人都感受到自己的重要性，感受到自己被重视，从而尽最大努力完成自己的本职工作。“民主”是以人为本的工作基点。陶行知说：“大量开发人矿中之创造力，只有民主才能办到，只有民主的目的、民主的方法才能完成这样的大事。”民主化的管理意味着以人为本，把人的发展作为一切工作的基点。只有心中真正装有师生，才能使我们的教育“面向人性，面向生命，面向成长”。学校在管理工作中，以爱倡导和谐共生，激发出师生的创造激情，开创出一个民主管理的家园。“多元”是个性发展的必要条件。学校管理必须面向所有人，充分尊重个体的不同需求，兼顾个体的共性与个性。师生群体存在个体差异性，决定了我们的管理要认可差异，尊重差异。学校在管理工作中要善于发现差异，并根据差异灵活调整管理策略，从而保证每个个体都能最大限度地发挥自身的潜能，力求使每个个体都能为学校的教育历程增添浓墨重彩的一笔，共筑“百花齐放”的美好局面。“开放”是激发创造的力量源泉。在管理中，我们要营造开放的环境和自由的空间，发挥教师的主人翁地位，充分释放他们的创造力，尊重学生的个性，让学生在自由的氛围中自主学习。同时，我们要主动融入社会，了解家长、社会对学校教育的需求，争取家长、社区及各种社会力量的支持，并自觉地将自己置于社会的评价和监督之下。开放的管理理念让学校流动着自由的空气，让多元思想自由绽放，激发出更多的创造力。“可持续”是稳步发展的重要基础。可持续发展是每个人和每所学校不断追求的最佳状态。在管理中，我们强调可持续的理念，因为只有可持续的管理才能使学校具有源源不断的发展动力。可持续的管理理念在于依循时代发展的规律，遵循教育教学的规律，满足师生发展的需求，立足学校本身，在积淀底蕴中厚积薄发，在厚积薄发中不断创新，从而使师生、学校共同发展。

学校的教师要时刻怀揣着教育梦想，满怀教育激情，从每一个生命个体出发，用爱激发学生心灵的共振，用激情促进学生生命的成长，用梦想点亮学生的心灯；在教学中革故鼎新，率先垂范，言传身教，成为锤炼学生品格、教授学生知识、激发学生创新和激励学生奉献的引路人，让自己的教育生涯演变成怀揣梦想的岁月，焕发出生命的光彩。

我们的学生观源自陶行知的教育理论。陶行知的“小先生制”对后世的影响深远。学校将这种教育形式进行了延展，着力打造自主、自治、自育的学生文化，以此充分调动学生自主管理、自主发展的内在动因，实现“教为不教，管为不管”的自主管理。为了更好地建设学生文化，我们为学生设立了班级、家庭、社团三个实施平台，让自主的“小先生”走出校园，融入家庭，走向社会，成长为一粒粒会学习、爱生活、能自主、敢创新的“小芝麻”，让世界欣赏“小芝麻”的浓香，赞美“小芝麻”的价值。

二、在纲领的引导下开展行动

为了让办学理念与行动纲领深入人心，校长亲自为全体教师进行了两次培育，解读办学理念和发展规划。教学、德育、科研、信息等部门分别围绕学校的总体规划，从相关的方面为全体教师进行解读。鲜明的时代特色与宏伟、细致的未来规划，得到了广大教师的认可，并让教师在以后的行动中自觉践行。创造是教育的灵魂，也是黑芝麻胡同小学的“根”。有了它，我们的教育就会永远鲜活，我们的管理就会充满智慧，逐步形成自觉的文化氛围。

2016 年 10 月 26 日，“携手同行十年路　创造馨香沁满园——纪念陶行知先生诞辰 125 周年暨黑芝麻胡同小学创造教育 10 周年庆祝活动”在学校师生的热切期盼中召开。这次活动充分体现了学校创造教育课程体系引领下所彰显的可持续发展活力。活动回顾了黑芝麻胡同小学 370 多年的悠久历史，以及创造教育的 10 年历程。师生用学校育人及创造教育的成果展现了中国传统文化的博大精深，通过饱含传统文化元素的经典传习、戏曲联唱、现代感十足的韵律操、篮球花式表演、课本剧串烧等多种形式，展现了学习成果和收获。“小芝麻游学团”、创课空间团队以模型、实物展示等丰富多彩的形式与大家分享了他们走向国际的学习寻访成果，并共同展望创造教育的美好未来。师生原创的《小芝麻歌》和原创歌曲《没有你我怎么成为男子汉》充分展现了创造教育为学生带来的崭新面貌。

在 2017 年的创造教育纪念日，学校开展了“传承非遗文化　发扬创造精神——2017 年黑芝麻胡同小学优质教育资源带创造教育 11 周年暨非遗嘉年华”主题活动。在非物质文化遗产项目体验区，各种具有北京特色的非物质文化遗产作品展现在学生的面前。学校请来了一批颇具影响力的非物质文化遗产技艺传承人，通过室内课程学习、室外自主体验和观看非物质文化遗产技艺表演等形式，让学生在亲身体验的过程中感受非物质文化遗产的魅力。

在2018年的创造教育纪念日，学校师生来到世界公园，开展主题为“小芝麻游学世界　创造教育你我同行”的实践体验活动。本次活动以创造教育12周年为契机，展示学生与教师的创造成果。同时，学校借助社会优质资源，助力学生综合素质的培养，发布《小芝麻走世界》，让国外研学的成果惠及全校师生，打造研学特色品牌。

自2012年暑假开始，学校启动“小芝麻看世界”国际交流体验活动，让越来越多的学生有机会到加拿大、美国、西班牙、捷克、丹麦、匈牙利和新加坡等地进行学习。目前为止，学校已经分18批，让484位学生亲身感受国外教育课程，亲自去观察世界、了解世界、感悟世界。国外研学活动一直深受学校师生及家长的欢迎，学校在已有经验的基础上进一步规范了国外游学活动的流程与要求，将近几年的游学成果加以总结，编写出版了《小芝麻走世界》。

我们梳理了学校办学思想的源与流，穿越时空，重新经历了办学理念与学校愿景的产生过程。它们看似与课程无关，既不是课程的内容，也与课程的教法无关。但它们却是课程形而上的部分。没有这些思想的引导，也不会有鲜活的课程体系的生成。它们是课程生成看不见的线索，也是课程发展的根本动力。

第三章

让繁茂的枝干伸向天空——课程的体系建构

2017 年，英国的纪录片团队对故宫的建筑惊叹不已。他们不禁发问：这些建筑为什么能历经 600 年而不倒？为了解答他们的问题，故宫的地震专家周博士带他们做了一个特别实验：首先按 1∶5 的比例，用木料与砖石，在北京的地震实验室中重建了寿康宫。英国摄影师用摄像机记录了惊心动魄的场景：随着地震强度的不断加大，房子开始晃悠起来，包裹着房子的砖墙瞬间倒塌了。在实验机械的隆鸣中，房子抖动得越来越厉害，竟然在遭遇“10 级地震”后依然不倒。

随后的研究表明，柱子与石础、斗拱互相作用，适量的位移让柱子的力量得以释放，最终保护了古建筑。可见，我们从外面看到的砖与墙，只是它的表面。墙所包裹的石础、木柱、斗拱、屋顶，还有它们所构成的梁柱系统，才是让房子屹立不倒的根本原因。

如果学校是一间房子，课程体系就是由石础、柱子和斗拱所构成的梁柱系统。它让学校的课程得以可持续发展。当大树打开枝杈，将繁茂的枝干伸向天空时，阳光雨露迅速地滋润它的每个角落，它才会不断壮大和健康生长。课程的体系建构与发展的意义正在于此。

党的十八届三中全会通过的《中共中央关于全面深化改革若干重大问题的决定》强调，教育改革应全面贯彻党的教育方针，坚持立德树人，加强社会主义核心价值体系教育，完善中华优秀传统文化教育，形成爱学习、爱劳动、爱祖国活动的有效形式和长效机制，增强学生的社会责任感、创新精神、实践能力。

要实现这一宏伟目标，显然不是一门课或者一个部门可以实现的。它需要学校的各个部门在实现这个目标的过程中结成团队，凝聚实现目标的力量。这个团队将如何构成？有着什么样的内部机制？有着什么样的气度？它会把我们的课程带向何方？

第一节　构建有追求、接地气的课程

"课程"一词是由"课"与"程"构成的。"课"有考察、成绩和学习内容等含义；"程"有章程、标准和过程等含义。两字结合成词语，最早出现于南北朝时期的佛经中。北魏凉州沙门慧学翻译的《贤愚经·阿难总持品第三十八》中有"教令诵经，日日课程"的说法。《诗经·小雅·巧言》曰："奕奕寝庙，君子作之。"唐代孔颖达注疏："以教护课程，必君子监之，乃得依法制也。"宋代朱熹论学，多次提及课程，如"宽着期限，紧著课程""小立课程，大作功夫"。可见，"课程"一词是在日常教育活动中逐渐被广泛使用的。在唐宋时代，它主要是指学生学习的重要性内容及功课。

美国学者奥利弗(Oliver)对课程的概念做了7种解释，分别为：学生所具有的全部经验；学生所经历的全部经验；由学校提供的全部课程；对某种学程的系统安排；在特定学科领域内所提供的学程；某项专业教学计划；个体所修习的科目。施瓦布(Schwab)指出，课程包括教师、学生、学科内容和环境4个基本要素。人们对当代课程的理解日益走向多元和深入。

对于教师而言，"课程"这个词，既熟悉又陌生。熟悉的是上课、下课、日常课程安排、教材发放、课堂教学、学科培训……教师几乎所有的工作活动，都与之相关。陌生的是课程的体系、结构、资源等内容对于走进教室上一节课的教师而言，又显得有些遥远。一直以来，我们强调课程的国家、地方和校本的权力属性，一味要求学校开齐、开足课程，而学校和教师的灵动空间只在校本区域得以发挥。这是对教师教育行为空间的窄化，限制了学校的自主空间，需要我们重新审视。

课程是学生成长所需的食物，是学生成长的有机土壤；课程就是生命的发展空间。教育理想的实现终归要落实到课程上。因此，我们将课程作为学校教育的核心，通过优质的课程来实现立人的使命，滋养生命的灵性，让每个生命都能获得最大限度的发展，释放出无限精彩的生命张力与文化活力。

一、在大课程体系观下思考

习近平总书记强调，要坚持中国特色社会主义教育发展道路，培养德智体美劳全面发展的社会主义建设者和接班人。要深化教育体制改革，健全立德树人落实机制。这为新时代的教育改革指明了方向。我国的基础教育也在进行深入的结构性变革。这种结构性变革的本质就是，在党和国家提出新时代新的人才培养标准和新的教育功能、教育体系要求的背景下，面向新时代和新技术，研究新理论与新政策，探索教育实践的新模式，构建全面培养教育的新体系，实施基础教育的整体性、系统性变革。

2017年，中共中央、国务院印发的《关于深化教育体制机制改革的意见》强调要注重培养支撑终身发展、适应时代要求的关键能力，在培养学生基础知识和基本技能的过程中，强化学生关键能力的培养，从而把核心素养置于人才培养的基础地位，把必备品格和关键能力作为培育和践行社会主义核心价值观、落实立德树人的根本任务与培养时代新人的一个十分重要的标准。习近平总书记明确提出：教育就是要培养中国特色社会主义事业的建设者和接班人，而不是旁观者和反对派。

在这样的时代背景下，我们的课程观也在发生着深刻的变化。课程不只是学科知识，更是能力与价值观。2017 年 8 月，教育部发布的《中小学德育工作指南》提出，在全面落实立德树人的总目标下，培养学生爱党爱国爱人民，增强国家意识和社会责任意识，教育学生理解、认同和拥护国家政治制度，了解中华优秀传统文化和革命文化、社会主义先进文化，增强中国特色社会主义道路自信、理论自信、制度自信、文化自信，引导学生准确理解和把握社会主义核心价值观的深刻内涵与实践要求，养成良好的政治素质、道德品质、法治意识和行为习惯，形成积极健康的人格和良好的心理品质，促进学生核心素养的提升和全面发展，为学生一生成长奠定坚实的思想基础。可见，构建“课程(学科)育人”“文化育人”“活动育人”“实践育人”“管理育人”和“协同育人”的实施途径，是我们在大课程体系观下需要深入思考的。

遗憾的是，长期以来，学校的德育管理部门与学科课程部门由不同的学校科室、校级领导、区级部门和国家机构进行指导与管理。现在，课程正在回归它的德育属性，而德育活动越来越强调课程属性。时代的要求和观念的变化，正在促进学校的体制改革。我们应该看到这是一个涉及全局的大问题，需要相当长的时间才能理顺与解决。但现实的要求又迫使学校进行自己的改革，从学校课程的顶层设计上尽力弥合间隙。

狭义的课程体系是指不同课程门类按照顺序的排列，是教学内容和进程的总和。课程门类的排列顺序决定了学生通过学习将获得怎样的知识结构。广义的课程体系是指学校的课程理念、课程设置、课程管理、课程资源、课程实施和课程评价的综合体系。课程体系的建设不仅包括课程设置，而且涉及课程管理和课程资源等内容。因此，课程体系的建设成为学校育人体系建设的一个支点，影响了学校育人模式的变革，是形成学校办学特色的重要部分。学校课程改革追求的应该是学校课程体系的顶层设计。

随着课程改革的深入，我们发现无论国家课程，还是地方课程，尽管课程的制定者不同，但都是由学校来实施的。在课程实施的过程中，学校的自主空间决定了课程的灵动空间。因此，学校的自主空间正在严格的管控之下变大。拥有越来越多的课程自主权的学校，首先要重新审视课程体系，要认识到顶层设计的重要作用。

二、关注时代要求，制定育人目标

课程体系诸要素的排列与组合，是实现课程目标的关键。显然，只有在统一目标的指导下，课程体系诸要素的配合才能达到动态的平衡。课程目标就是育人目标。课程体系建设的逻辑起点是育人目标。一所学校的育人目标，是建立在对学校办学理念、区域发展与时代要求的基础上的。

在学校办学理念方面，它集中反映了学校的办学愿景。“国际视野，创造精神”不仅要求我们的办学模式向国际学习，不断创新，而且要求我们的师生拥有国际视野和创造精神。国际视野要求我们做胸怀天下、懂国际规则和能展开国际交流的人，创造精神要求我们做不断创新和可持续发展的人。

在区域发展方面，北京是集传统与现代特征于一身的国际化都市。经济与科技的飞速发展、政治与管理的日益现代化，让学生的未来面临多项挑战。国外相关统计资料表明，人的职业很难固定，一个人的一生平均会从事 11 种职业。这就要求从小培养学生的核心竞争力，因为未来将是核心素养的竞争。

在时代要求方面，新时代中国特色社会主义非常重视社会主义核心价值观。因而，我们要培养有社会责任感、创新精神和实践能力的未来人。

2016 年 9 月，《中国学生发展核心素养》正式发布。中国学生发展核心素养以培养全面发展的人为核心，分为文化基础、自主发展、社会参与三个方面，综合表现为人文底蕴、科学精神、学会学习、健康生活、责任担当、实践创新六大素养，具体细化为人文积淀、人文情怀、审美情趣、理性思维、批判质疑、勇于探究、乐学善学、勤于反思、信息意识、珍爱生命、健全人格、自我管理、社会责任、国家认同、国际理解、劳动意识、问题解决、技术运用18个基本要点，如图3-1所示。各素养之间相互联系、相互补充、相互促进，在不同情境中整体发挥作用。

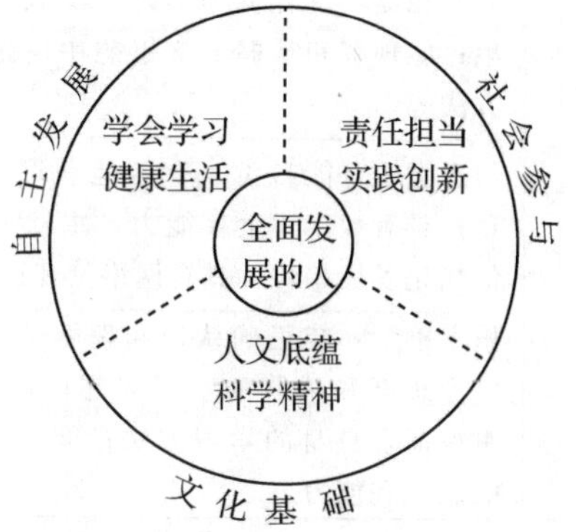

图3-1 中国学生发展核心素养框架

中国学生发展核心素养是在国家层面上对培养什么样的人的要求。学校应该根据自己的历史文化和个性特色等特点进行细化与完善。

育人目标既要符合国家立德树人的根本要求，又要体现自己的个性。在学校办学理念的指导下，我们考察了区域特点与时代要求，提出"培养会学习、爱生活、能自主、敢创新的未来世界人"的育人目标。基于此，我们对黑芝麻胡同小学的学生核心素养进行了分析，如表3-1所示。

马克思主义认为人是自我价值和社会价值的统一。会学习、爱生活，才会得到社会的认可，实现自我价值；学生只有能自主、敢创新才可以奉献社会，实现自身的社会价值。

表 3-1　黑芝麻胡同小学的学生核心素养分析

两大方面	四大核心素养	素养分析
自我价值	会学习	理性思维：崇尚真知，能理解和掌握基本的科学原理和方法；尊重事实和证据，有实证意识和严谨的求知态度；逻辑清晰，能运用科学的思维方式认识事物、解决问题、指导行为等
		人文积淀：具有古今中外人文领域基本知识和成果的积累；能理解和掌握人文思想中所蕴含的认识方法和实践方法等
		信息意识：能自觉、有效地获取、评估、鉴别、使用信息；具有数字化生存能力，主动适应“互联网＋”等社会信息化发展趋势；具有网络伦理道德与信息安全意识等
		乐学善学：能正确认识和理解学习的价值，具有积极的学习态度和浓厚的学习兴趣；能养成良好的学习习惯，掌握适合自身的学习方法；能自主学习，具有终身学习的意识和能力等
	爱生活	珍爱生命：理解生命意义和人生价值；具有安全意识与自我保护能力；掌握适合自身的运动方法和技能，养成健康文明的行为习惯和生活方式等
		国家认同：具有国家意识，了解国情历史，认同国民身份，能自觉捍卫国家主权、尊严和利益；具有文化自信，尊重中华民族的优秀文明成果，能传播弘扬中华优秀传统文化和社会主义先进文化；了解中国共产党的历史和光荣传统，具有热爱党、拥护党的意识和行动；理解、接受并自觉践行社会主义核心价值观，具有中国特色社会主义共同理想，有为实现中华民族伟大复兴中国梦而不懈奋斗的信念和行动
		健全人格：具有积极的心理品质，自信自爱，坚韧乐观；有自制力，能调节和管理自己的情绪，具有抗挫折能力等
		审美情趣：具有艺术知识、技能与方法的积累；能理解和尊重文化艺术的多样性，具有发现、感知、欣赏、评价美的意识和基本能力；具有健康的审美价值取向；具有艺术表达和创意表现的兴趣和意识，能在生活中拓展和升华美等

续表

两大方面	四大核心素养	素养分析
社会价值	能自主	自我管理：能正确认识与评估自我；依据自身个性和潜质选择适合的发展方向；合理分配和使用时间与精力；具有达成目标的持续行动力等
		社会责任：自尊自律，文明礼貌，诚信友善，宽和待人；孝亲敬长，有感恩之心；热心公益和志愿服务，敬业奉献，具有团队意识和互助精神；能主动作为，履职尽责，对自我和他人负责；能明辨是非，具有规则与法治意识，积极履行公民义务，理性行使公民权利；崇尚自由平等，能维护社会公平正义；热爱并尊重自然，具有绿色生活方式和可持续发展理念及行动等
		人文情怀：具有以人为本的意识，尊重、维护人的尊严和价值；能关切人的生存、发展和幸福等
		国际理解：具有全球意识和开放的心态，了解人类文明进程和世界发展动态；能尊重世界多元文化的多样性和差异性，积极参与跨文化交流；关注人类面临的全球性挑战，理解人类命运共同体的内涵与价值等
	敢创新	劳动意识：尊重劳动，具有积极的劳动态度和良好的劳动习惯；具有动手操作能力，掌握一定的劳动技能；在主动参加的家务劳动、生产劳动、公益活动和社会实践中，具有改进和创新劳动方式、提高劳动效率的意识；具有通过诚实合法劳动创造成功生活的意识和行动等
		问题解决：善于发现和提出问题，有解决问题的兴趣和热情；能依据特定情境和具体条件，选择制订合理的解决方案；具有在复杂环境中行动的能力等
		勇于探究：具有好奇心和想象力；能不畏困难，有坚持不懈的探索精神；能大胆尝试，积极寻求有效的问题解决方法等
		批判质疑：具有问题意识；能独立思考、独立判断；思维缜密，能多角度、辩证地分析问题，做出选择和决定等

第二节　构建生命成长的灵动空间

课程体系的要素包括育人目标、课程理念、课程设置、课程管理、课程实施、课程评价。诸要素各有侧重，又互相联系，共同构成了课程体系，促进课程的健康可持续发展，如图 3-2 所示。6 个要素必须统合起来思考，才能破解课程改革的难题，才能构建出课程的灵动空间。

一、建立课程体系的理念核心

课程理念是实现育人目标的精神引领，是课程建设的灵魂和支点。不同的课程理念隐含着不同的课程思维方式，继而决定了我们对于课程的态度和行为方式。

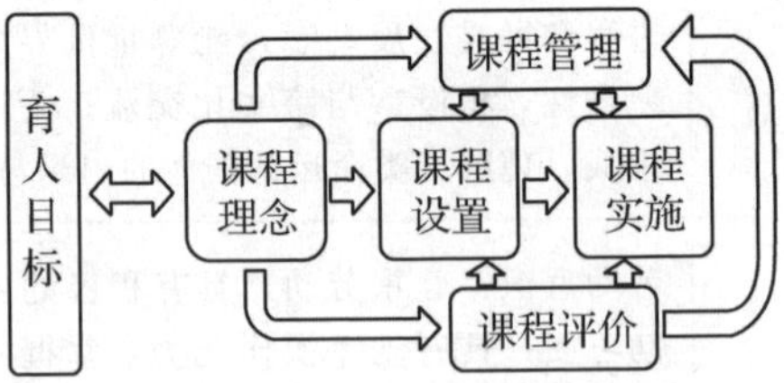

图 3-2　课程体系各要素的关系

我们的育人目标是培养会学习、爱生活、能自主、敢创新的未来世界人。所谓未来世界人，是指能在世界上发出自己声音的人才。这需要我们提供能够丰富他们的文化底蕴、使他们通晓国际事务的课程。结合学校的定位与办学理念，在不断地实践探索中，我们提出并发展了如下的课程理念。

一是注重前瞻性，兼具实用性。我们的课程要体现时代的印迹，凸显新课程改革的要求，时刻站在教育的前沿，为我们的学生呈现最鲜活的课程盛宴。同时，我们也要注重课程的实用性，关注学生的实际生活，实现“生活即教育”“社会即学校”的教育信条，将陶行知提倡的“教学做合一”与新课程理念统一起来，把创造教育与培养学生的创新精神统一起来。

二是注重区域特色，兼具国际视野。我们的课程要与本地区的特色相结合，合理利用地区的优势，充分挖掘地区的独特资源，因地制宜，在自己的地盘上打造出属于自身的特色教育。同时，我们的教育也要具备广阔的国际视野，吸纳各方的精华，不断充实、丰富我们的课程体系，使其中外兼具、古今共融，产生鲜活澎湃的国际影响力。

这个课程理念来源于价值取向的实践。在明确了课程的价值取向是“创造”之后，我们在选择、发展课程的过程中，提出了“注重前瞻性，兼具实用性；注重区域特色，兼具国际视野”的判断方法。这个方法让我们找到了课程发展的路径，给予我们课程发展的信心。它不只是关于课程资源的，更是关于课程实施与评价的。它可以贯穿课程的方方面面，进而成为我们课程的价值观。

有了这个课程理念的指引，我们可以进行丰富的课程设置，制定严格可行的规范，进行细致灵活的管理和开放多元的评价。

二、课程设置

课程设置就是各类课程的设立与安排。随着对课程理解的深化，人们逐渐形成了关于显性课程与隐性课程、学科课程与活动课程的管理和实施经验。课程设置涉及的范围更加广泛，包括少先队课程、游学课程、志愿服务等。

黑芝麻胡同小学校本课程的设立，经历了从无到有、从有到有特色的阶段。学校积累了开发、设立校本课程的丰富经验。在办学理念的指引下，学校结合学生的需求，从学科课程中挖掘，从社会上借鉴具有国际视野和本土特色的课程，研发新的课程。

三、课程管理

课程管理细致灵活。2013 年，学校参加“遨游计划”，拥有了更多的课程自主权，结合学生的个性发展，开始了学生自主选择课程的尝试。学校探索了“三个一”的课程实施途径，着力于转变学生的学习方式。一课自主、一科自主、一日自主，这三种途径相互依存、相互促进，不断助力学生的全面发展和个性成长。

四、课程实施

课程实施规范严格。一课、一科的设立，源于学校的办学理念，源于学校的课程理念。课程实施应似恒星照亮学生的天空，而不似彗星一闪而过。为此，学校学科教研组与区教研部门共同开展教研培训与评价，积极支持教师参加学习、培训、展示等活动，为教师搭建发展的平台。在所有的校本课程设立之初，学校都要进行论证，编制课程纲要，设置课时等。学校在监督的同时提供帮助，保障课程顺利实施。

五、课程评价

课程评价开放多元。针对不同的课程，学校采用不同的评价方式。每学期初，学校坚持组织教师参与语文、数学、英语的试卷分析，让教师了解学科的新动态。每学期末，学校为学科教学及校本课程提供展示的平台，展示教师的教学成果，展示学生的创造成果。

六、课程体系

合理有效地设计学校课程结构，是一项很复杂的工作。这项工作的开展，需要将学校的课程体系纳入整个学校的发展图景。

学校的课程体系应该是整个学校的发展图景的有机组成部分，因此以学校为主体进行的国家课程、地方课程和校本课程的统整工作，应该纳入整个学校的发展图景的构建工作。

七、绘制共同发展的课程图景

任何一所学校，都是一个完整的场所。在此场所中 ，学生接受完整的教育，学校各类成员经历和体验着完整的教育生活。为了保证完整的教育和完整的生活，学校需要有完整的发展图景，这一完整的发展图景包含完整的学校课程。

黑芝麻胡同小学的课程，按照学科内容与目标侧重的不同分为人文与阅读、数学与逻辑、艺术与审美、自然与科学、品德与健康五个类别。每一类别涉及不同的知识与能力目标，如表 3-2 所示。

表 3-2 黑芝麻胡同小学的课程体系

课程类别	学科领域	知识与能力目标
人文与阅读	语文、阅读、写作、英语、课本中的成语、英语口语、绘本阅读	积累人文常识，能够顺畅地运用中英文字和语言进行倾听与表达；了解和包容不同语言的文化差异
数学与逻辑	数学、思维拓展、逻辑推理、数独、数学游戏	掌握基础运算的知识与技能，学会数学思维方法
艺术与审美	美术、音乐、舞蹈、书法、彩色粉笔画、小小画家、陶瓷艺术、歌曲创编、合唱队、管乐队、健美操	了解基本的艺术类别，欣赏和包容不同的艺术形式，拥有艺术创造的基本能力与个性特长，有美的追求
自然与科学	科学、信息技术、神奇的DNA、三元探秘、中医药文化	热爱自然，热爱科学，拥有科学的眼光与分析的习惯
品德与健康	道德与法治、体育、健康、安全“童”行、武术、排球、篮球、舞龙舞狮、行知武社	关注身心健康，培养正确的道德观念和学习社交方法，养成健康的生活方式，拥有锻炼身体的技能

按照核心素养的要求，课程可以分为三个层次：创造钥匙、创造阶梯和创造舞台，如表 3-3 所示。

表 3-3 黑芝麻胡同小学的课程体系分层

课程层次	分类标准	学科领域	素养目标
创造钥匙	奠定文化基础 培养公民常识	语文、数学、英语、科学、道德与法治	理性思维、人文积淀 珍爱生命、国家认同 自我管理、社会责任 劳动意识、问题解决
创造阶梯	培育温暖阳光 涵养个性特长	美术、音乐、舞蹈、书法、信息技术	信息意识、乐学善学 健全人格、审美情趣 人文情怀、国际理解 勇于探究、批判质疑

续表

课程层次	分类标准	学科领域	素养目标
创造舞台	拥有实践能力 提升综合实力	社团课程、基地课程、学院课程、游学课程、少先队课程	会学习 爱生活 能自主 敢创新

五个课程类别解决的是学科管理、师资培训、课程开发等问题；三个课程层次解决的是学生核心素养的培养与育人目标的实现等问题。两者共同构成了学校的创造教育课程体系，如图 3-3 所示。

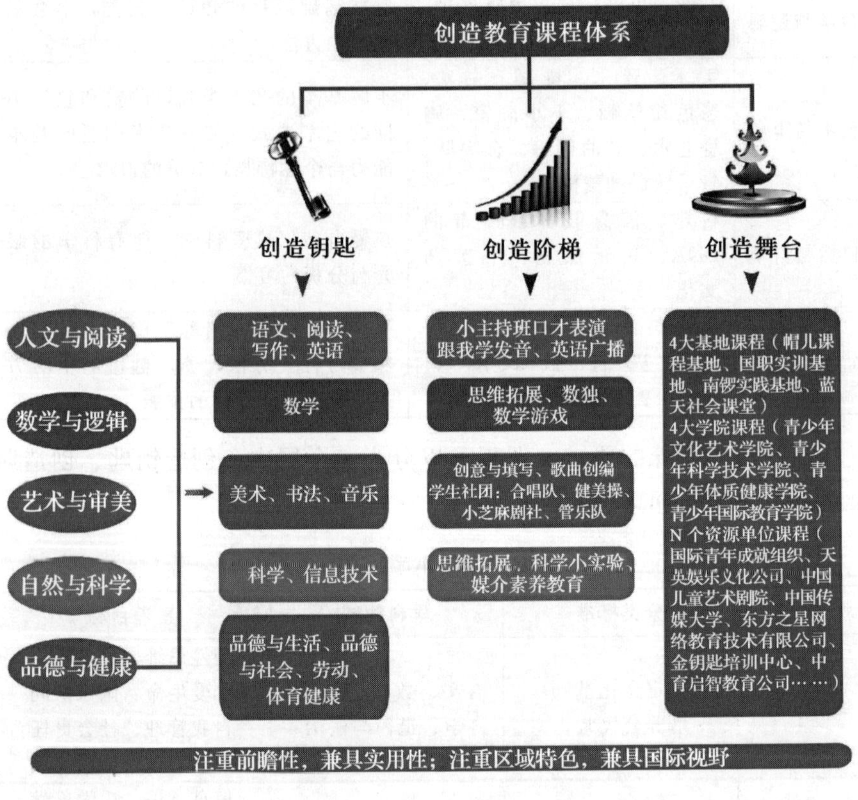

图 3-3　创造教育课程体系

这一课程体系的实现，是以丰富的课程基础为前提的。没有丰富的课程基础，课程体系的空间就会失去平衡。所以为这一空间提供丰富的课程资源就变得格外重要。北京市与东城区日益深化的课程改革和学校日益深化的课程尝试，是学校创建丰富的课程资源的动力，如图 3-4 所示。

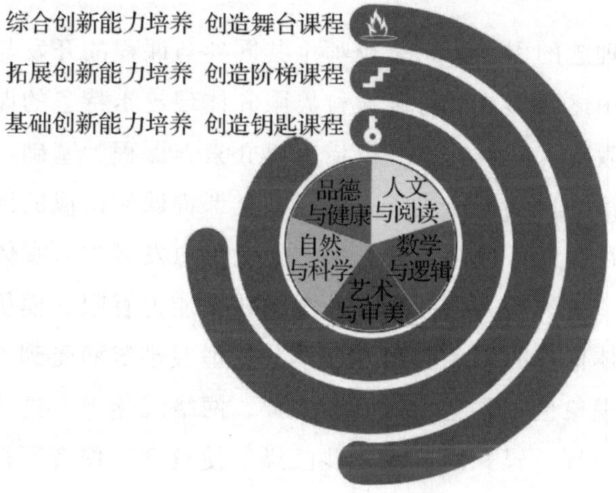

图 3-4 黑芝麻胡同小学的课程体系圆环

教师根据自身的兴趣及特长成立了志愿者团队，积极投身到校本课程的开发与实践中。为了提升课程的质量，我们聘请专家到校指导，为教师提供展示平台，鼓励教师不断提升自己，实践课程、完善课程，逐渐形成了“1＋4＋N＋X”的课程资源结构框架。紧紧围绕学校的创造教育课程体系，我们依托 4 大实践基地、多个东城区青少年学院及社会资源单位，统筹整合各级各类资源，全面为学生提供综合实践活动的资源保障。在这一课程体系下，管理人员与教师不断努力，开发了许多满足学生个性成长需求的课程：“媒介素养教育”“理财小达人”“我们的城市”“我们的世界”等，紧紧围绕时代生活的主题；数学游戏课走进“‘芝’慧乐园”，德育广播中聊“知行心语”；语文课上玩起“成语龙门阵”，为传统课堂注入了新鲜血液；30 余个精品社团和兴趣小组，为学生搭建快乐成长的舞台；“小芝麻看世界”开启了学生游学的旅程。

第三节　注重特色发展的独特课程群

一、提倡理念先行，在实践中不断丰富课程群

在课程理念的引领下，全校师生共同参与课程的开发与实施，在教育教学实践中逐渐形成了打破学科界限和体现校本特色的课程群。早期的媒介素养教育课程群，就是以借鉴媒介素养课程为基础，开展学科融合与丰富的活动，逐渐形成了一个由各类课程课例构成的课程群。

伴随着社会的开放与发展，媒体的竞争愈发激烈，媒体的内容出现了乱象横生、良莠不齐的问题。儿童的认知能力有限、模仿能力强，在接收这些媒体信息时难免会因好坏不分、虚假难辨而受到不良影响。现实中的一些现象也很常见，如偶像崇拜、网络沉迷等，这些让我们开始反思今天的教育。媒介的迅速发展已经迫使教育工作者不得不改革和变化了。电子革命赋予教师的使命不再是提供信息，而是提供洞见；它赋予学生的身份不再是消费者的身份，而是教学伙伴的身份，因为学生早已在课堂之外积累了大量信息。教育正在从“僭权”走向“赋权”，将过去由教育者和家长代替学生做的事还给学生，让他们拥有独立面对生活的权力。

20世纪70年代，全世界范围内掀起了媒介素养教育运动，呈现出普及化、规模化、模式多样化、社会化和网络化等特点。许多国家将媒介素养教育作为一种新的教学科目纳入学校课程。21世纪初，它由卜卫引入国内，在大学教育领域引起了重要的变革。2013年，在国际媒介素养教育多年积累的基础上，联合国教科文组织提出了媒介与信息素养教育。它整合两大教育理念，旨在帮助青年应对未来社会的数字化变革。

学校在2008年9月开始与中国传媒大学合作期间，除了参与开发媒介素养教育独立课程之外，同时进行了“在小学课堂教学中融入媒介

素养教育策略”的实验研究。经过研究，学校开发出一套适用小学中、高年级的一年制教材。本书就是以该教材的教学目标与教学内容为抓手，根据媒介素养教育实验课程的教学内容，结合其他学科的要求及特点，拟出与媒介素养教育内容的融合点，开展课堂研究，实现对学生媒介素养的培养，达到丰富学科教育内涵的目的。学校通过开展“观、评、悟、学、用”的辨析和研究活动，完善和融合课例内容，为研究融合策略打下坚实的基础。

在融合课例研究的基础上，我们讨论了如何将媒介素养教育融入日常教学的有效策略。

根据课程目标及 4 个阶段的反复实验，学校最终确定的课程内容及教学目标如表 3-4 所示。

表 3-4　媒介素养教育实验课程的内容及教学目标

第一学期(15 课时)						
课程名称	内容提要	教学目标				
		媒介技术层面	媒介组织层面	媒介与受众关系层面	媒介运用层面	媒介礼仪伦理层面
身外世界与脑中图景	引导学生思考三种世界的区别和联系，牢记媒介世界与现实世界的不同			√		
媒介家族见面会(上)	初步介绍报纸、电视、网络等媒介的特点	√		√		
媒介家族见面会(下)	运用实例分析每种媒介在传播信息时的特点与异同	√		√	√	
奇妙的声音之旅	介绍声音的种类、特点及其在日常生活中的重要作用	√		√	√	

续表

第一学期(15课时)						
课程名称	内容提要	教学目标				
		媒介技术层面	媒介组织层面	媒介与受众关系层面	媒介运用层面	媒介礼仪伦理层面
我们的镜头会说话(上)	介绍镜头语言的基本知识，为了解影像世界奠定基础	√		√		
我们的镜头会说话(下)	实地拍摄练习与作业点评	√		√	√	
影像魔术师(上)	简要介绍影像特技的种类和制作方法	√		√		
影像魔术师(下)：PS高手变变变	引导学生探讨影像特技使用中的礼仪和伦理问题	√		√	√	√
动漫梦工场(上)	介绍动漫的制作原理，激发学生的创作热情	√		√	√	
动漫梦工场(下)	赏析世界各国的动漫，培养学生的开放、多元的思维和审美标准	√		√		
动漫DIY——布偶剧表演	活动课上，请学生自编自演动漫布偶剧，培养学生自主运用媒介的能力	√		√	√	√
广告面面观(上)：你的广告我们做主	引导学生思考广告在生活中的表现形式和重要作用	√	√	√	√	
广告面面观(下)：火眼金睛看广告	引导学生学习鉴别广告真伪和鉴赏广告优劣的方法		√	√	√	

续表

第一学期(15 课时)						
课程名称	内容提要	教学目标				
		媒介技术层面	媒介组织层面	媒介与受众关系层面	媒介运用层面	媒介礼仪伦理层面
名牌魅力有多大	引导学生讨论“名牌”商品对自身的影响，让学生树立正确的消费观		√	√	√	
课程回顾：媒介海洋大寻宝	以竞赛的形式帮助学生复习一学期课程中的知识点，巩固学习成果	√	√	√	√	√
第二学期(15 课时)						
课程名称	内容提要	教学目标				
		媒介技术层面	媒介组织层面	媒介与受众关系层面	媒介运用层面	媒介礼仪伦理层面
网海自由行	引导学生全面认识网络的特点，学习正确使用网络的方法和技巧	√		√	√	
电玩世纪	了解学生接触电子游戏的现状，引导学生变换角度看待游戏以及游戏和现实的关系	√		√	√	
游戏点穴术	了解电子游戏的设计原理与玩家心理的关系，从原理上了解游戏吸引玩家的原因		√	√	√	

续表

第二学期(15课时)						
课程名称	内容提要	教学目标				
		媒介技术层面	媒介组织层面	媒介与受众关系层面	媒介运用层面	媒介礼仪伦理层面
游戏达人现实闯关	了解现实世界与游戏世界的区别，引导学生明白在现实世界里的闯关	√		√	√	
我们的成功秘籍	引导学生思考获得成功的方法，帮助学生树立人生理想			√	√	
我们的理想“网”来帮	引导学生有目的地使用网络，获取对自己的学业、兴趣爱好和个人成长有帮助的信息，从而实现人生理想	√		√	√	
解码影视剧(上)：偶像剧定律	认识到偶像剧的制作是有一定规律可循的，能分清现实世界与影视剧所呈现的虚拟世界的区别		√	√	√	
解码影视剧(下)	探索除了偶像剧之外的其他影视剧中的固定模式，讨论明星在影视剧中的作用，展示明星包装的实例		√	√	√	

续表

第二学期(15 课时)						
课程名称	内容提要	教学目标				
		媒介技术层面	媒介组织层面	媒介与受众关系层面	媒介运用层面	媒介礼仪伦理层面
我们都是大明星	活动课上，通过团队自主参与课堂活动，使学生在实践中体会明星包装的全过程和了解明星的包装技巧，学会正确看待和处理明星与我们日常学习、生活的关系		√	√	√	√
我们看电影博物馆	通过实地参观电影博物馆，使学生对影视制作流程有更直观的了解	√	√	√	√	√
逃出刻板印象的五指山(上)	通过实例，向学生介绍刻板印象的概念		√	√	√	√
逃出刻板印象的五指山(下)：流行从哪来	组织学生讨论流行、美、时髦等概念的来源，反思媒介对人和社会生活的影响		√	√	√	√
手机与生活	引导学生认识手机对人的身心的影响，掌握使用手机时应遵循的礼仪规范	√		√	√	√
小孩说话也管用	学生媒介作品的展示与讲评	√	√	√	√	√
课程回顾	用竞赛的形式回顾课程内容，巩固学习成果	√	√	√	√	√

独立课程的开发探索，吸引了学科教师的目光。他们被课程的理念与方法吸引，开始尝试将其与自己的学科相结合，开发了“音乐与分数”(数学)、“奇妙的声音之旅”(音乐)、“Flash 中图层的使用”(信息技术)、“圆明园的毁灭”(语文)、“电影艺术的发展”(品德与社会)、“统计图与生活”(数学)等学科课例，形成了媒介与信息素养教育的课程群。

二、提倡实践为先，用行动构筑课程群

近年来，学校以中华优秀传统文化为课程的突破口，开设了一系列相关的课程，形成了中华优秀传统文化的课程群，如图 3-5 所示。

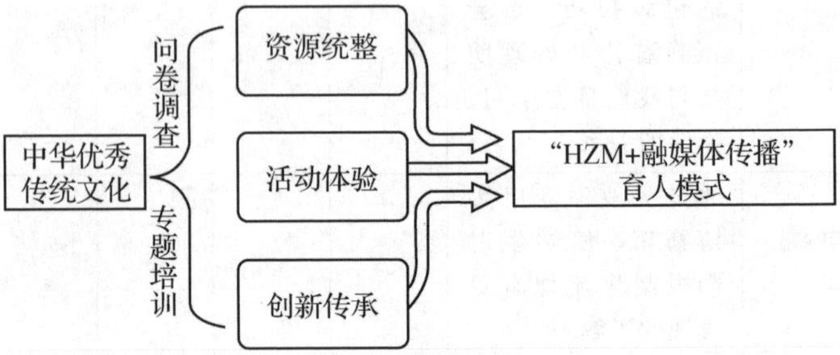

图 3-5　中华优秀传统文化的课程群

每天早晨，学生沿着北京水系源头的玉河，走过四合院门蹲与红门，走进雕梁画栋的学校。一间间红门里，藏着胡适的诗歌、毛泽东的救国理想、郑振铎的文学故事……

2017 年，中共中央办公厅、国务院办公厅印发的《关于实施中华优秀传统文化传承发展工程的意见》指出，要围绕立德树人的根本任务，遵循学生的认知规律和教育教学规律，把中华优秀传统文化全方位融入教育的各环节，贯穿于教育的各领域。北京市东城区教育系统也适时启动了“文化·传承 2030”工程，旨在逐步实现东城区校园传统文化教育的“六个一”，即每所学校均有一门及以上的优秀传统文化教育校本课程，均有一支优秀传统文化教育的专兼职教师队伍，均有一个及以上的优秀传统文化教育特色社团，每年至少举办一次优秀传统文化展示活

动，均与一个或多个优秀传统文化社会资源单位牵手合作，每位学生均能掌握一门及以上的优秀传统文化艺术形式。

新时代召唤着课程的新突破。学校提出以中华优秀传统文化教育为突破口，整合新媒体环境，整合学校的历史与地域资源，打造黑芝麻胡同小学专属的京味优秀传统文化课程群。

目前，学校开设的优秀传统文化教育课程，呈现为三种资源形态分布的课程群。

第一种是文化理解类课程。它包括：资源课程“校史——时光沉淀的馨香”“故宫——我们的邻居紫禁城”；校园读本《日常举礼》《三字歌》；学科渗透课程“课本中的成语”；实践课程“探寻胡同文化”。

第二种是特色社团类课程。它包括书法社团、剪纸社团、美术社团、舞龙舞狮社团、武术社团等；课后 330 课程中有京剧、四合院、老北京小吃、中医药文化等优秀传统文化方面的兴趣小组。

第三种是学校基地资源课程。比如，学校周边的茅盾故居，老舍故居，南锣鼓巷辖区内的特色商铺，多家非遗博物馆，都是学校的综合实践基地，随时为学校提供课程资源；帽儿课程活动中心为学校量身打造了 14 门动手实践课程；北京国际职业学校鼓楼校区为学校提供了 12 门特色课程及活动场地。

这些课程除学科课程由相应学科教师承担外，其他的课程都是教师自愿选择，自主承担。这使教师的专业能力得到了有效拓展，同时课程实施的自主权又给教师带来了更强的职业认同感。资源的统整，使中华优秀传统文化的育人功能在学校落地生根。

学校依托中华优秀传统文化中的教育资源，构建出“HZM＋融媒体传播”育人模式，如表 3-5 所示。H(History)，寓意厚植校史与国史，笃行爱校与爱国；Z(Zing)，寓意文化育人理念在课程和活动的土壤中生根发芽，呈现自强向上的活力；M(Maintain)，寓意传承与弘扬优秀传统文化是明德至善之举；＋(Plus)，寓意运用新媒体环境，开展中华优秀传统文化教育。“HZM＋融媒体传播”育人模式的核心是，在传承与弘扬中华优秀传统文化的过程中，促进文化认同，提升文化自信，树立文化自觉。

表 3-5 “HZM＋融媒体传播”育人模式

类别	寓意	课程内容
H(History)	厚植校史与国史，笃行爱校与爱国	校史课程
Z(Zing)	文化育人理念在课程和活动的土壤中生根发芽，呈现自强向上的活力	活动体验课程
M(Maintain)	传承与弘扬优秀传统文化是明德至善之举	社团及学院课程
＋(Plus)	运用新媒体环境，开展中华优秀传统文化教育	

校史课程与国家课程都是基础教育课程的组成部分。学校将校史课程定位为国家课程的资源课程，实现了校史课程与国家课程的有效衔接。当国家课程中的教学素材取自校史资源时，学生的认同感与亲近感增强了，学生与知识之间的距离缩短了，学生的参与热情得到了有效的激发。

活动体验课程体现为：学校用以“爱与创造”为主题的丰厚文化氛围承载师生的创造梦，让校园充溢着生命成长“拔节”的声音，让校园每一个角落都充满丰厚的文化气息。学科活动课程“诗词赏析”“汉服文化”“科技馆里学数学”等，都是教师基于学生学科核心素养培养而设计的。这些课程借助课本剧、场馆资源及服饰礼仪等媒介手段，关注学生的整体参与，拓宽学生的学习平台。例如，课本剧“西门豹”中，学生生动形象的表演，不仅有效地诠释了人物的性格，而且对课本内容进行了进一步创编，融入了现代因素，体现了学生的创新精神与创造意识。

社团及学院课程旨在打破学段边界、学科边界和资源边界，通过课程建设，凝聚教育合力，从学生的需要、时代的需求和国家的发展出发，构建符合学校育人目标的“行知大课堂”，让学生走进社区、走入社会、走向国际。

学校开设了书法、剪纸、美术、舞龙舞狮、武术等特色社团，以及京剧、走进四合院、老北京小吃等兴趣小组；茅盾故居、老舍故居、南锣鼓巷商铺、帽儿课程活动中心、北京国际职业学校等都是学生的综合实践基地。资源的整合使中华优秀传统文化教育的资源触手可及。

在育人目标的指导下，学校本着多元互通、资源共享的原则，在两年内共安排 8 次学生的国外夏令营团活动，涉及新加坡、加拿大、美国、捷克、匈牙利和西班牙等国，让学生在异国他乡开展为期 10 天的研学之旅。这一方面促进了学生语言能力的发展，另一方面为学生搭建了解外国文化和感受文化多样性的平台。

在课程体系的发展中，学校针对注重特色发展的课程群，实现了课程体系下的微循环，进一步助推学校特色文化的发展。

理想，是对未来的一种期望，是必须经过努力才有可能实现的一种愿景，是一种让人感到坚持就是幸福的东西，甚至可以被视为一种坚定的追求。“科学构建丰富多彩的课程，扎实有效地践行育人理念”是我们教育管理者孜孜以求的教育梦想。教育的根本目的是育人，教育以培养真正的人和全面、完整的人为己任。育人的核心力量是课程。课程变了，学生才会成长，课程是学校践行育人理念的重要支撑和有效载体。

第四章

让每个脚步展痕留香——课程的动态实施

2016年，学校开设了“神奇的DNA”课程，让学生通过一个个动手实验的项目，学习基因的相关科学知识，理解它的作用与意义。此时，北京市正在开展科学探案故事的征集活动，我们鼓励该小组的学生积极参加。一位学生编写了《国门趣事》，讲述了海关安检处的工作人员通过基因鉴别入境人员的真实身份的故事。故事里的角色是来自各个国家的珍稀动物，故事的情节非常生动。它在征集评选中脱颖而出。

我们让学校戏剧表演社的学生加入，将这个故事改编成童话音乐剧，在北京市学生戏剧比赛中获奖。在这个戏剧的表演过程中，班主任和德育部门教师了解到，学生之所以能编出这个故事，是因为学生的家长就是海关安检处的工作人员。就这样，家长给学生讲述的案例，被学生编成了童话。于是班主任把学生的家长请来，让家长讲述各自的职业故事。这让学生既为自己父母的工作而骄傲，也丰富了对各种职业的体验。继而，德育部门在各班级开设家校携手课程，让学生的家长来讲职业体验课。

课程的实施过程，从来不是一成不变的，而是动态的，充满了各种可能。学生的一个想法，可以激发各种课程的闪光点；许许多多的学生在课程实施中收获成长，使课程也在不断的评价中日益丰满。

第一节　良性管理评估是课程实施的领导力

一、管理就是统筹规划与厘清关系

没有管理就没有课程。课程的管理与评价，是实施学校课程计划、落实学校课程体系、促成课程可持续发展的必要手段。对于课程的管理者而言，课程实施就是课程管理。管理是对课程计划、课程实践、课程反思的全过程的管理。管理的品质决定课程的品质；课程的品质要通过管理逐步提高。

课程管理是实现预期教育结果的手段，是将编制好的课程计划付诸实践的过程；课程实施的焦点是计划能否在监控下顺利开展，并获得相应的成果。也就是说，课程的质量与效率是通过课程管理来实现的。

《基础教育课程改革纲要(试行)》提出了三级课程管理的改革目标，即改变课程管理过于集中的状况，实行国家、地方、学校三级课程管理，增强课程对地方、学校及学生的适应性。这段话明确说明了三级课程管理改革的原因与目标：原因是课程管理过于集中，目标是增强课程对地方、学校及学生的适应性。也就是说，三级课程管理的目的，是解决国家课程方案的统一要求与地方、学校、学生的个别需求之间的矛盾，实现统一的国家课程方案对不同地区、学校及学生的个别需要的适应性，体现灵活性。

如果学校只是把三级课程管理理解为国家课程、地方课程和校本课程，只局限于开设几门花边式的课程而不整体构建学校课程体系，那么就把三级课程管理赋予学校的课程管理权窄化为简单的校本课程开发权，从本应有的课程管理的主体变为几门孤立的课程开发的主体，而非学校课程体系构建的主体。近年来，黑芝麻胡同小学坚持三级课程的学校管理权，不仅开发了具有学校特色的校本课程，而且形成了国家课程的相应课例，带来了国家课程、地方课程的创新，促进了教学质量的提升。

课程管理，就是“管”的过程和“理”的过程。所谓“管”，应该是从上位对课程的诸要素进行统筹安排。所谓“理”，就是要厘清和课程相关的各种关系：课程之间的关系，课程与教师的关系，课程与各部门的关系，课程与未来发展的关系等。

课程的“管”，首先体现的是国家意志。这本来是不容置疑的。但是在具体工作中，这确实给我们带来困惑：校本课程要在课程安排中体现；地方课程要在课程安排中体现；专题教育要在课程安排中体现；综合实践要在课程安排中体现。这些来自各级部门的要求，曾经让我们的课表越来越难以看懂。

黑芝麻胡同小学近几年的课程设置，经历了三次较大的变化。

第一次是2006年，学校利用课时安排中16%的自主空间，把一部分“注重前瞻性，兼具实用性；注重区域特色，兼具国际视野”的课程，排进了各年级的课表，进行高效、自主的管理。

第二次是2014年，学校加入“遨游计划”，拥有自主排课的更大空间。东城区成立青少年活动学院，为学校提供更多的特色课程。学校将每周五下午确定为社团课程时间，打破班级限制，为学生提供一日自主、一科自主、一课自主的自主空间。

第三次是2018年，在德育活动课程化要求的大背景下，学校将课后社团活动纳入课程管理视野，为学生提供多样化的课程。

学校经历了从一节课时到半天课时，再到每天课时的自由变化。经过三次变动，学校课程执行的自由度更大了，但是总的课程表并没有太多的变动。这既保障了课程在国家相关制度下稳定发展，又让学校的特色得以丰盈充实。表4-1为2016—2017年度黑芝麻胡同小学课表。

表 4-1　2016—2017 年度黑芝麻胡同小学课表

单位：节

<table>
<tr><th colspan="2">学科</th><th>一</th><th>二</th><th>三</th><th>四</th><th>五</th><th>六</th></tr>
<tr><td colspan="2">道德与法治
品德与社会</td><td>2</td><td>2</td><td>2</td><td>2</td><td>2</td><td>2</td></tr>
<tr><td colspan="2">科学</td><td>0</td><td>0</td><td>1</td><td>1</td><td>1</td><td>2</td></tr>
<tr><td colspan="2">语文</td><td>6</td><td>6</td><td>6</td><td>6</td><td>6</td><td>6</td></tr>
<tr><td colspan="2">数学</td><td>4</td><td>4</td><td>4</td><td>4</td><td>4</td><td>5</td></tr>
<tr><td colspan="2">英语</td><td>2</td><td>2</td><td>3</td><td>3</td><td>3</td><td>3</td></tr>
<tr><td colspan="2">体育(健康/形体)</td><td>5</td><td>5</td><td>5</td><td>5</td><td>5</td><td>5</td></tr>
<tr><td rowspan="3">艺术</td><td>音乐</td><td>2</td><td>2</td><td>2</td><td>2</td><td>1</td><td>1</td></tr>
<tr><td>美术</td><td>2</td><td>2</td><td>2</td><td>2</td><td>2</td><td>1</td></tr>
<tr><td>书法</td><td>0</td><td>0</td><td>0</td><td>0</td><td>1</td><td>1</td></tr>
<tr><td rowspan="3">综合实
践活动</td><td>研究性学习</td><td>0</td><td>0</td><td>1</td><td>1</td><td>1</td><td>1</td></tr>
<tr><td>信息技术</td><td>0.5</td><td>0.5</td><td>0.5</td><td>0.5</td><td>0.5</td><td>0.5</td></tr>
<tr><td>劳动</td><td>0.5</td><td>0.5</td><td>0.5</td><td>0.5</td><td>0.5</td><td>0.5</td></tr>
<tr><td rowspan="4">地方与校
本课程</td><td>市级地方课
(含专题教育
综合等)</td><td>1</td><td>1</td><td>1</td><td>1</td><td>1</td><td>1</td></tr>
<tr><td>阶梯课程</td><td></td><td></td><td>0.5</td><td>0.5</td><td>0.5</td><td></td></tr>
<tr><td>舞台课程</td><td></td><td></td><td>0.5</td><td>0.5</td><td>0.5</td><td></td></tr>
<tr><td>班队会</td><td>1</td><td>1</td><td>1</td><td>1</td><td>1</td><td>1</td></tr>
<tr><td colspan="2">周学时总量</td><td>26</td><td>26</td><td>30</td><td>30</td><td>30</td><td>30</td></tr>
</table>

黑芝麻胡同小学的课程设置方案及说明

一、国家课程

1. 依国家规定开齐开足。

2. 国家课程按市、区的教研要求严格执行，保持进度统一。

二、地方课程

1. 写字：一至四年级在语文课中体现，五、六年级开设书法课。

2. 蓝天工程博览课：全校各年级每周班队会时间为1课时。

3. 我们爱东城和《弟子规》新解。

《弟子规》新解：三年级结合蓝天工程博览课开展，每学年为18课时。

我们爱北京：三年级结合成班队会开展，每学年为19课时。

我们爱东城：四、五年级结合综合实践及蓝天工程博览课开展，每学年为5课时。

4. 专题教育：一、二年级每周1课时的专题综合课。

环境教育：全校各年级和品德与生活、科学学科结合，每学年为3课时。

毒品教育：五、六年级与学科结合，每学年为2课时。

安全教育：全校各年级与体育等学科教学结合，每学年为3课时。

健康教育：与学科教学结合，保障每学年为10课时。

三、校本课程

学校自2013年成为“北京市中小学课程创新实验——遨游计划”项目校，进行了“六位一体”的课程创新探索。学校拥有校本课程排课和实施的自主权。

一、二年级的语文教学每周增加2课时阅读，六年级的语文教学每周增加1课时阅读。

日常举礼：一年级每周2课时。

阅读启蒙：二年级每周2课时。

阅读：六年级每周1课时，三至五年级结合语文教学保障每周1课时。

论语：三年级结合语文教学开设。

成语：一至六年级结合语文教学开设。

数学乐园活动：一至六年级每周1课时，开展思维训练类校本课程学习。

数独游戏：一、二年级每周1课时。

学能训练：一(4)班、二(4)班两个实验班，每周五下午1课时。

英语游戏活动：一、二年级每周1课时。

表演训练：一、二年级每周0.5课时。

创意与填写：四至六年级部分班级开设，作为国家美术课程的补充。

媒介素养教育：五年级第一学期开设，每周0.5课时。

校史课程：各年级结合学科教学开设。

JA课程：多余的课时补充到综合实践活动、研究性学习和专题综合等。

安全"童"行：一、二年级开设一个学期，共计8课时。(第二学期作为健康课)

我们的城市：三年级开设一个学期，共计12课时。(第一学期授课)

我们的世界：四年级开设一个学期，共计12课时。(第一学期授课)

理财小高手：六年级开设一个学期，共计12课时。(第二学期授课)

社团及主题课程等：三至六年级每周五下午2课时，采取学生走班制，参与学校精品社团、主题课程以及帽儿课程基地、国职实训基地的课程学习。

一、管理要有制度，更要有自主性

课程的最后执行人，是教师和学生。学校对课程的管理权，是通过他们来实现的。从表面上看，管理的对象是教师，实质上是对课程的管理。管理的目标是通过对教师教学规范的管理，来保障课程的秩序和课堂的质量，让课程具有校本特色。这是管理的过程，更是评估的过程。

为此，我们制定了《黑芝麻胡同小学优质教育资源带教师教学常规》，从教学计划的编写到课程的执行、作业管理和课后反思都提出了要求，让年级组组长、教研组组长各司其职，对课程的实施进行监督，力促课程健康发展。

所谓秩序，是指组织秩序与时间秩序。学校的教学副校长、教学主任、教务主任、年级组组长、教研组组长和学科教师都担负着不同的任务。他们各司其职，共同维护和促进学校课程的健康发展。

教学副校长要协助校长全面贯彻和认真执行上级教育行政部门关于学校教育工作的指示，按照教育教学规律，围绕特色办学理念，领导教务处，负责组织、管理教学工作，处理学校日常教学行政工作；协助校长制订学校教学计划、教学常规，建立正常的教学秩序，严格质量监控，以保证教学计划的执行，对教学质量负总责。教学副校长要深入了解教学活动，检查督促教学常规的落实，通过听课、评课和听取教学主任及教研组组长的工作汇报、学生座谈会、家长的反映，了解教学的实际问题，分析教学质量。针对教学中存在的问题，教学副校长提出改进教学、提高质量的意见，不断提高教学质量；组织评教评学活动，协助校长提升教师的思想水平、业务专长和教学水平，做好年级组组长、教研组组长的选配工作，按照新课程和行政主管部门的要求，妥善安排教师的工作量和教学任务；负责组织教师业务理论学习，培养教师良好的教风，帮助教师总结教学经验，进行教育思想、教学方法和教育信息方面的交流；组织教师定期开展教育教学活动，组织校内的多种教学竞赛、学科竞赛，总结和推广教师的教育教学经验；有目的地培养学校名师、骨干教师和学科带头人；培养青年教师，不断提高教师的教学水平；严格教学常规管理，提高学生的“双基”水平，注重学生良好习惯的养成；做好学年度的教学档案的归档工作。

教学主任是校长领导教学工作的助手，协助校长与教学副校长组织和领导相关学科教学工作，参加制订学校计划和总结，研究提高教学质量的措施，负责落实学校有关教学工作的各项决议。教学主任对相关学科教学质量负直接责任，按照教学计划全面安排相关学科教学工作，保证正常的教学秩序；指导和协助落实教研组计划和教学计划，检查教研组按计划开展教研活动的情况；组织期中、期末相关学科考试工作，科学评价学生各科学业成绩；深入教学实践活动，通过听课或兼课、参加教研组活动、检查学生的作业、分析试卷及召开学生座谈会等途径，了解和掌握教学情况，帮助教师总结教学经验，及时提出改进意见和建议；定期召开教研组组长会议，讨论教学中的问题，交流开展教研组活动的经验，推动教研工作的开展；负责抓好本学科教师队伍建设工作；将教师的语言文字规范和学科书写规范纳入常项管理；组织相关学科教师的文化、业务进修，检查教师进修的情况；加强组织相关学科教师的教学常规检查的力度；落实教学的各项规章制度，科学地编排课程表，做好教学的日常管理工作。

教务主任要协助校长组织教师学习和贯彻上级有关教学工作的指示；根据校长提出的学期工作计划要点，草拟学校教务工作计划，并认真组织实施；组织学生的考试工作，协助教学主任负责全校排课、调课；编制校历和作息时间表，发布周工作安排和相关学生通知；协助校长组织好每年度的招生工作和毕业班工作，建立正常的教学秩序；做好学籍管理、文印工作和教科书、教学参考书的订购发放工作，建立教师业务档案；加强对图书馆的领导，督促管理各类教学教具；协助校长负责教师的继续教育工作；负责学校档案室工作。

学校重视科研引领工作。校长室下设研发室，由学校有研发能力的教师组成，共议学校课程科研事务。教导处下设科研主任一人，专门负责教师的科研引领和学校的课题申报工作，组织、参与教师科研案例的征集与评比工作，定期对全校教师进行科研培训。

年级组组长是学校教学管理的重要成员。在教导处的领导下，年级组组长负责所管学科教研组的活动，努力提高所管学科的教学质量。年级组组长在开学后一周内制订本学期的教研活动计划；组织所管学科教师认真开展教研活动，并建立档案；按计划组织教师听评课，协调和掌握学科教研组组长的工作情况，进行协调督促；每月认真检查所管学科教师的备课和作业批改情况，并做好相应的记录；将教师的语言文字规范和学科书写规范纳入考核管理；做好期末相关资料的收集工作，协助相关领导做好数据统计、质量分析、档案整理等工作。

教研组组长也是学校教学管理的重要成员。在教导处的领导下，教研组组长负责本教研组的活动，努力提高本学科的教学质量；督促检查本组教师落实教学常规的情况，钻研大纲、教材，认真备课、认真上课、认真批改作业和组织复习；组织本组教师学习教育方针，学习有关教学理论和经验，树立正确的教育教学思想；经常分析、交流学生的思想情况，研究改进教学方法，提高教学效果；在个人备课的基础上，加强集体备课、说课，认真制订教研组的教学和教研工作计划；组织负责教研组的教研活动，协调教学进度，加强组内的经验交流，提高教研组的整体素质；保证校内教研活动按规定时间召开，每周不少于一次；协调好本组的正常教学工作，正确及时地传达相关的要求，做好相关记录；组织监管本组教师的教育教学活动，及时反映本组的意见和建议；组织本组教师进行月抽测、期末检测、阅卷和统计等工作，对本组的教学质量负直接责任；做好本组教师的考核工作。

教学计划作为指导教师上课的指南，可以让教师深刻认识学科，对教学进度形成深刻的理解，并做出具体的安排。这首先要求教师结合学校的办学理念和学年度的具体要求，认真学习课程标准，熟悉年段教学要求，通读全册教材和相关教学参考资料，同时结合相应年级学生的实际发展水平，从而制订出科学具体且可执行的学科教学计划。

教学计划一般要涵盖以下内容。

教学目标：将课程标准、教学参考资料、研修中心教材的相关信息进行整合处理，包括学期教学目标、学期教学内容、本册教材网络图等。

学情分析：简要列举本班学生上学期的监测结果(知识和能力两个方面)，并制定本学期相应的跟踪措施。

科研课题：结合自身教学的实际需求，拟定本学期要攻克或改进的内容，包括研究内容、研究目的、预期结果、研究方法。

教学进度：结合校历和教材的相关要求，由学科教研组组长带领相关教师集体商议，以周为单位，确定章节课时、机动课时，填好教学进度表。

教师应在开学第二周结束前制订个人教学计划及教学进度表，并在教研组内进行交流，相互借鉴和监督。在修改补充后，教师将其交给教研组组长。教师应认真执行并落实教学计划，遵守教学进度。

学校希望能够通过管理，从集中要求到民主管理，最后促进教师的自主发展。比如，在制订教学计划的过程中，学校要求教师对自己一个学期的教学发展做出规划，如做课、研究等。在这个过程中，教师把自己发展的愿望和需要都提出来。有的教师面临家中老人和学生生病或者其他问题，我们从课时调整上予以照顾；有的教师提出要做课题、拜师父、多学习等要求，我们会在相应的机会上予以倾斜。还有教师从学科专业角度提出购买相关的书籍、教具，我们都会在学期采购计划中予以补充，为教师的自我发展提供平台及支持。

在制度层面，我们对教学管理的层级和教学诸要素做出了详尽的规定。但在具体制度中，我们又强调教师的自主性。学校以制度为依据，对教师的思想、教学行为与学科教学成果进行评估，从而保证良好的教学秩序。

第二节　保障教学质量是课程实施的执行力

一、细化教学常规，保障课堂质量

课堂教学是学校教育的主阵地，教育质量是学校教育的生命线。学校只有监管到位，才能切实解决减负增效的问题，切实为学生的发展服务。减负增效的关键在于课堂。为了减轻学生过重的课业负担，我们把落脚点和突破口聚焦到课堂教学上。我们以提高课堂教学效果为着力点，构建高效课堂、智慧课堂、和谐课堂，向课堂教学要质量、要效益。我们也在教学常规中做出详细的规定。

（一）备课要求

一堂课其实从备课环节就开始了。我们要求教师做到如下三个方面：一是每学期开学当天上交两周的储备课（因教材没到位不能备课的情况除外）。二是每位教师平时应保持一周以上的储备课。三是所有教师每学期要有1～3节的精备课，在组内进行协调，保证内容不重复，在期末一并上交（具体要求因学科的不同而异）。

（二）教案要求

教案要求包括如下四个方面：一是5年以下（含5年）教龄的教师备课详案。二是5年以上教龄的教师不能直接使用旧教案或教案选，可根据实际情况在原有基础上再次进行认真备课，要有自己的个人见解。三是保证教案内容包括课题、教学目标、重难点、教学过程、板书及作业等内容；上课后，要注明授课日期并手写课后反思。四是教师必须手执教案进课堂，且上课内容与教案应该大体一致。每月在固定时间教研组检查教案情况，教导处进行抽查。

（三）课堂要求

课堂要求包括两个方面。一是课堂教学规范。①预备铃响，做好课前准备；上课铃响后，教师进入教室。②上、下课仪式完整，教师不能无故拖堂。③教师须做好课前准备，不能随意离开课堂。④在上课期间，教师不能接听或翻看手机。⑤教师不能随意停学生的课，或占用学生上课时间给学生补课。⑥教师不能出现设立特殊座位，或出现体罚、变相体罚等行为。⑦教师的课堂用语要规范。二是教学过程要求。①教师要保证教学目标准确具体、内容正确、容量适当、讲授准确恰当。教师在结合学科特点的基础上，注重学生情感、态度、价值观的形成。②教师要严格依照课程标准开展教学，保证课堂教学的质量，不能随意提高课程教学的难度。教师要合理安排教学进度，确保完成教学任务。③教师要保证教学过程的整体设计合理，重点突出，难点得当；教学环节清楚，节奏适度；评价及时且恰当。教学方法、手段的选择和使用要符合教学内容的需要、学科特点和学生实际。④教师要做到语言文字规范、流畅、准确、精练；教态亲切自然，师生平等和谐，课堂生成的资源处理得当。演示操作熟练、规范；板书设计合理、工整。⑤教师要尽可能关注到每一位学生的学习需求，尊重学生的主体地位，注重因材施教，开展个性化教学；创新教学方式，探索适应学生身心特点和符合课程标准要求的有效教学模式；倡导自主、合作、探究等多种学习方式，满足学生的个性化学习需求，增强教学的科学性、针对性和实效性；落实学科的三维目标；培养学生的兴趣、能力。

课程表是依照国家要求制订的，它可用于维护学校的教学秩序，维护学生的学习利益。教师应按课程表规定的时间、课程授课，不能随意更改，维护课程表的权威和学生的上课权。任何教师不能私自换课或自行请其他教师代课。因私因公都应经教导处协调后进行统一安排；一线任课教师因故不能提前请假的，应尽快告知教导处领导，以便尽快安排相应工作；如遇特殊情况，上课后任课教师无故不到岗，班主任、年级组组长或其他教师应先组织学生，并及时通报学校主管领导。

(四)作业要求

作业是预习、检验和巩固课堂知识的重要方式，也是课堂教学效果的重要反馈。教师通过作业了解学生课堂学习的情况，管理者也可以通过作业了解教师与学生的情况。我们要求教师做到如下几个方面。①教师要严格控制课外作业总量。一、二年级不留书面家庭作业；三至六年级语文、数学和英语可适量布置家庭作业；三至四年级完成每天作业的时间不能超过30分钟；五至六年级完成每天作业的时间不能超过1小时；课外作业总量由班主任统一协调。②教师布置作业时必须坚持“少留、精选、分层”原则，不能布置简单重复性和惩罚性的作业，不能给家长布置作业。③教师要科学确定作业的形式与内容。④教师要提高作业的针对性和实效性，根据学生学习的实际，分层布置作业。

教师通过批改作业与学生再次进行沟通。为此，我们提出了具体的要求：①教师应当对布置的家庭作业认真批改。教师不能让学生家长代为评改作业，减少直至杜绝漏判和误判作业。②教师要及时批改、及时反馈，鼓励学生进步。教师的批改字迹要清楚，符合书写的要求，批语要体现鼓励进步。教师不能书写不文明批语或粗暴撕扯学生的作业。③各学科教师要统一批改作业符号，实行等级制评分（优、良、合格、待合格）。教师要在作业结束处写出等级和批改日期。

二、执行力要在动态评价中不断调整

课程评价对学生而言是让学生了解自己对学科内容的掌握情况，对自己的个人成长形成良好的认知；对教师而言是让教师了解自己的教学情况，进一步了解学生，督促学生；对学校管理者而言是检查课程实施的结果是否符合预定计划与目标。通过评价，我们可以知道设定的课程目标是否实现，实现的程度如何，并据此做出改进课程的决策。课程评价是对课程进行评估、修改、实施和再评估的动态过程。它不只是评价课程效果、评价教师，更是通过评价为课程发展、教师成长提供意见和建议。

（一）检测性评价

作为年级期末考试或者学校和上级进行的质量抽测，检测性评价在学校层面对教师提出了如下要求：监考时教师要按照规定时间到达考场，每个考场安排两位监考教师，分别在考场的前面和后面监考。教师要认真履行监考职责，不做与监考无关的事情。考前教师要向学生宣读考场要求，严肃考风考纪。监考期间，教师不能行间巡视或做其他事情（聊天、看书、看手机或批改作业、统计成绩等），更不允许中途离开考场、说话聊天或暗示学生等。

阅卷时任课教师应按照统一规定认真审阅考卷，流水阅卷。由学科组组长进行题量分配，教师要严格按评分标准来评定成绩，不能擅自更改评价标准。学生的成绩经过二次复核后方能进行统计。

试卷分析是重要的教学反馈活动，没有它，考试就没有意义。阅卷结束后，授课教师应及时对学生的试卷进行讲评；认真进行数据的统计、核算，按照学科的具体要求完成试卷分析，并以年级为单位由学科教研组组长进行汇总；教研组组长整理试卷反映出来的主要优势与问题，在分析原因的基础上制定有效的改进措施；教学主管领导进行全校性的教学质量分析培训活动。每个学期结束后，教师要进行全校性的试卷分析，即分析知识点的掌握情况和教师的教学情况，分析课堂教学的理念和学科教学的新精神。为此，我们坚持语文、数学、英语三科的试卷分析，让全体教师参与互动，从而让全体教师对教学的形势有所认知。

(二)日常评价

我们对日常评价有着严格的要求，引导教师不以考试分数评价学生。教师要填好记分册封面的各个项目；认真填写学生的姓名，让名单的顺序与学生的学籍系统保持一致；不用成绩给学生排名。各科评分次数及评定等级由各教研组组长与教学主管领导研究后决定。各位教师要把记分册妥善保管好。教导处不定期检查教师的记分册。按照学校规定，教师在期末按时将记分册上交教导处存档。期末采取语文、数学、英语的卷面检测，适时进行口算、听力、朗读等能力检测，将百分制合成等级制。记分册既要有分数，又要有等级；学生综合评价手册只登等级，其他各科进行期末随堂检测，并有检测评价方案，按优、良、合格、待合格记入记分册和评价手册(英语学科可采用 A、B、C、D 的等级评价)。

(三)听课评课

听课评课是教师日常教学交流的方式，也是学校检查教师教学的重要方式。我们对教师提出了具体的要求：教师每人每学期至少听课 10 节以上(校内、校外均可)；教师应保证每周听指导教师或其他教师的一节课。这个要求反映了教师的日常教研需要，没有加重教师的负担。教师需要认真记录自己的听评课活动。听课时，教师应在预备铃响前进入教室。在听课过程中，教师不随便谈话，不做任何影响课堂秩序的事。外出听课时，教师要注意形象，尊重组织者和授课教师。教师要保证听课笔记的记录完整，随时进行批注，并梳理听课后的整体感受。听课后教师要提出积极评议意见，尊重学生，尊重授课教师的首创精神。同时，教师在评议过程中可以贡献自己的教育智慧。

以上是对教师和学科教研组的评价要求。在学校层面，我们重视考试成绩，但不以成绩论成败。我们要求教师客观地对待成绩，理性地进行分析。除了上述的日常评价要求外，我们要进行奖惩性评价、展示性评价和引进式评价。

(四)奖惩性评价

学校会对自觉投入教育科研的教师、圆满完成教学任务的教师和科研、课题组的教师进行奖励。学校会对没有按时按质完成教学任务的教师和出现不规范行为甚至师德行为的教师，进行诫勉、扣除劳动报酬直至调岗和辞退的惩戒。教育是国之大事、党之大计，在灵活中又有其严肃的一面，应该引起教师的重视。

(五)展示性评价

对于教师优秀的作业批改、成功的教学设计和重大的科研成果，我们都会在学科教研、全体大会和期末教育教学工作会上予以表扬，为教师提供展示的平台。为培养和激励青年教师，每年的期末教育教学工作会都会有青年教师的成果汇报环节，以便激励他们勇敢前进，不断成长。

(六)引进式评价

针对重点学科，我们会引进校外的专家进行评价与辅导。2017 年和 2018 年，我们分别与区、市教研部门合作，开展全员听课，走进学校进行把脉、帮助活动。

制度只是保证教学的一个基本条件，却不能保证教学质量的稳步提升。教学质量随着时代的发展，对学校提出了不同的要求。学校师资与学生生源的变化，都表明教学质量处于一个动态的发展过程中。教学管理者要结合学校的教育教学情况与新的时代发展要求做出改革。

2011 年，结合课程纲要的更新，我们开展新版课程纲要的学习活动，从学科教学的基本功抓起，更新教师的教学观念，改变课堂教学生态。

2016 年，学校与织染局小学，在原来的深度联盟校的基础上，成立了黑芝麻胡同小学优质教育资源带，由原来的联合教研变为一体化教研。学校的师资水平和生源结构都有所变化。根据这一变化形势，我们开展了建立健全教学层级管理模式，抓规范、重细节、重落实，保障教育质量的活动。学校引入东城区教师研修中心提供的“四站式服务”，切实提升教师的学科专业能力。

2016—2017 年教学工作计划(部分)

一、将工作重心放在教学质量的提高——细节＋落实

1. 加强教学常规的规范要求，要求资源带每一位教师在工作中严格予以执行。学校充分发挥《教师专业化发展手册》的作用，指导教师实事求是地认真填写，定期开展全员检查并公开检查结果，同时树立典型，在全校宣传表彰优秀者。

2. 每一位教学干部深入教学一线，及时掌控学科教学进度、教师授课情况和学生学习状况。教学干部每周至少听 3 节随堂课，并及时对授课教师进行反馈，必要时采取跟踪记录或连续听课；每月至少抽查 3 位教师的教案，并将共性问题在教研组活动中强调说明。学校每月进行一次侧重点不同的学生作业检查。

3. 加强学科质量监控的实效性。学期初的质量分析培训重在理念引领。各学科的质量监控办法要体现在教研组的活动计划安排之中，并切实予以落实。学校依据《东城区小学生期末学业质量综合评价方案》，做好基于学科素养的学业展示与评价研究的交流；做好二年级专项调研和三至五年级综合评价的质量分析与反馈工作；监督指导教师利用语文、数学、英语学科一至六年级的《形成性自主评价》，立足常态，关注过程性评价的指导。

4. 深化课堂教学改革，优化教与学的方式。学校推进减负视导，

落实减负规定，使各学科教师加强减负有效策略的研究。教研组出方案，教师个人制定具体措施，坚持做到常抓不懈。学校借助东城区教师研修中心小学研修部的“四站式服务”的力量，在视导的过程中，与各学科教研员开展教学研讨，挖掘亮点，发现问题，积极改进，促进教师的课堂教学研究能力和学科专业能力的提升，提高教育质量。

二、教师培养分层管理形成梯队——机遇＋挑战

1. 继续打造精品、特色的校本研修活动，以“多元、求实、创新”的原则，调动不同层次教师参与的积极性，力求活动有立意、有创意、有效益。学校将“6(区)＋1(网)＋N(学区)＋X(校本)”的研修模式落实到位，使各学科各年级确定研修活动专题，以主题带动教学研究，引领教师聚焦教学真问题，开展教学真研究。

2. 课题研究是学校内涵式发展的重要途径，是教师专业发展的必然选择，是深化教学改革的必由之路。学校基于问题即课题，课堂即基地，教师即研究主体的思路，结合区里各学科承担的市、区课题，注重理论与实践、科研与教研的结合，开展富有针对性的实践推进活动，带动教学研究的不断深入，带领教师携手探索，共同提高。

3. 以新教材《道德与法治》《语文》为抓手，持续开展以新教材培训和实验为重点的研究。学校借助教研员进校引领、教材教法分析、经验交流、说课展示等多种方式，着重引导教师认真钻研，了解新教材在理念、内容、教与学的方式的变化，努力实践，做好新旧教材的衔接，落实新教材的课程理念。

4. 搭建教师成长平台，为不同层次教师的专业成长提供机会与保障。学校让教师积极参与市区级骨干教师培训，使各学科教师积极主动承接市区级教学研讨活动，历练兼职教研员的研究能力，发挥骨干教师的主动性、创造性和辐射作用；以“东城区第六届‘东兴杯’小学青年教师教学基本功培训与展示活动”为契机，加强青年教师的培养力度，开展专项培训，以展示促发展，整体提升教师的教育教学水平；让教师积极参与 2017 年优秀教学设计及各级各类的课例评选等活动。

三、课程关注学生的学科核心素养——改革十创新

1. 培育和践行社会主义核心价值观，提升学生的综合素养。学校深入开展优秀传统文化教育，依托地域资源开展研究，将关于课程项目研究的实验纳入“新媒体环境下开展传统文化教育策略研究”，积极筹备市级研讨会，稳步推进相关课题的实验工作。

2. 深化课程教学改革，加强学生核心素养的培养研究。学校落实课程计划，探索跨学科项目学习和学科实践活动，打破学科本位，实现课内外贯通，拓展学科视野，加强综合性、开放式学习的研究。学校结合学科实践活动的落实，以“数学在哪里”为主题，让学生积极参与区里的实践成果评选、展示交流活动，投稿《中小学数学教学报》。

3. 加强信息技术与教育教学的深度融合。学校在东城区小学“在现代信息环境下的教学改革研究”项目的引领下，积极开展实验，促进信息技术与学科课程的整合，逐步实现教学内容的呈现方式、学生的学习方式、教师的教学方式和师生互动方式的变革，实现即时学习与深度学习，实施全过程学习分析。

4. 推进互联网支持下的书香校园建设，充分发挥学校图书馆(阅览室)的育人阵地作用，充分发挥“攀登阅读”网络平台及电子阅读机等资源的优势，优化师生的阅读体验，激发学生的阅读兴趣，并延伸辐射到家庭，营造书香校园的良好氛围；探索互联网支持下的组合阅读教学，逐步完善学生阅读素养评估体系。

5. 稳步推进“民办教育机构参与学科教学改革”项目，完成学校层面的绩效评估，总结经验，继续拓宽合作领域。学校抓住资源，积极推进“北京市外籍教师参与中小学英语教学改革”项目。

6. 持续探索“学院制”人才培养模式，推动“学院日”课程，积极参与安交学区“学院日”课程，让学生享受到更多的优质教育资源。学校将三至六年级每周五下午 2 节“走班”选课和一、二年级每周二下午 1 节“走班”选课，进行情况汇总，不断完善监控管理，建立学校自主选课体系。

2018年，北京市东城区教学研修部门发布《东城区小学课堂教学研究主题与教师关键能力提升》。结合“四站式服务”中发现的各学科教学问题，学校开展学习与整改活动，促进教师关键能力的提升。

2018—2019年教学工作计划(部分)

一、聚焦课堂教学，关注学生的实际获得

1. 加强教学处内部管理制度。

所有教学干部均要承担一定的教学任务，坚持进班上课。学校明确部门及个人的责任分工，对于个人承担的管理任务实行岗位责任制。他们要对个人分管的学科教学和课题项目等建立明确的管理体系，将人员进行整体划分，最大限度地调动广大教师参与教学研究及课题研究的积极性。他们稳重扎实做好每一项工作，在每周行政会议前半小时进行教学处碰头会议，及时沟通各项分管事宜。

2. 抓教学质量的关键在于抓基础、抓平时、抓常态。

(1)认真学习《东城区小学课堂教学评价标准》，积极参与区级培训，组织学科教学研讨，以标准引领课堂教学，帮助教师改变不恰当的课堂教学行为，打造优质高效课堂。学校在实践中初步细化出黑芝麻胡同小学的课堂教学评价标准。

(2)加强教学常规的规范要求，充分发挥《教师专业化发展手册》的作用，指导教师实事求是地认真填写，及时完善。每一位教学干部深入教学一线，及时掌控学科教学进度、教师授课情况和学生学习状况；强化学生课堂常规的养成教育，立规矩、讲规范，将课堂常规的检查落到实处。

(3)教学干部每周至少听3节随堂课，并及时对授课教师进行反馈，必要时采取跟踪记录或连续听课；教案检查要求明确而具体，在兼顾全体教师的同时关注青年教师及新到岗教师；教学干部每月至少抽查3位教师的教案，并将共性问题在教研组活动中强调说明；教学干部每月进行一次侧重点不同的学生作业检查，并有计划地进行作业抽查，同时做好记录。教案及作业检查结果纳入教师的绩效考评及校长奖励。

3. 做好各学科教学质量的监控。

学期初的质量分析培训重在理念引领；各学科的质量监控办法要体现在教研组的活动计划安排之中，并切实予以落实。教师要参与评价课题的研究，继续推进基于学科素养的学科学业展示活动——“乐考”实验研究，做好二年级专项调研，明确学科知识点与能力点；做到三至六年级综合评价的质量分析与反馈工作；监督指导教师利用语文、数学、英语学科一至六年级的《形成性自主评价》，立足常态，关注过程性评价的指导。参与抽测及调研的学科做好准备工作，全力迎检。非考试科目过程性评价科学规范，有据可查。

二、加强队伍建设，培养教师的关键能力

1. 继续打造精品、特色的校本研修活动，以“多元、求实、创新”的原则，调动不同层次教师参与的积极性，力求活动有立意、有创意、有效益。学校将“6(区)+1(网)+N(学区)+X(校本)”的研修模式落实到位，使各学科各年级确定研修活动专题，以主题带动教学研究，引领教师聚焦教学真问题，开展教学真研究。学校注重理论与实践、科研与教研的结合，开展富有针对性的实践推进活动，带动教学研究的不断深入，带领教师携手探索，共同提高。教研时间专时专用，保质保量。

2. 认真钻研教材，做好新旧教材的衔接。学校结合使用部编本《语文》《道德与法治》教材，使教师积极参加市区级部编教材的相关教学研究与系列培训，支持鼓励相关教师大胆实验。

3. 认真学习《东城区小学课堂教学研究主题与教师关键能力提升》，引导教师明确区域课堂教学研究的内容及对自身教学技能的要求(第三次全区教研活动以学科为单位来开展)。各学科教师围绕研究主题与关键能力开展课堂教学的课例研讨和交流活动(与“东兴杯”教师基本功培训活动相结合)。

4. 搭建教师成长平台，为不同层次教师的专业成长提供机会与保障，形成发展梯队。学校让教师积极参与市区级骨干教师及各类教师专业技能培训，组织教师参与优秀教学设计及各级各类的课例评选等活动。各学科教师积极主动承接市区级教学研讨活动，历练兼职教研员的研究能力，发挥骨干教师的主动性、创造性和辐射作用；以第十届“东兴杯”教师教学基本功培训与展示活动为契机，以展示促发展，整体提升教师的教育教学水平；让教师积极参与东城区优秀课堂教学设计评选活动(教研员指导过的教学设计一律不参加评审)。

5. 本学期市区联动走进黑芝麻胡同小学，借助市区两级教研平台，让更多的教师得到多方位的指导与历练；促进教师的课堂教学研究能力和学科专业能力的提升，全面提高教育质量。

第三节　持续的特色发展是课程实施的创新力

一、为课程创新提供制度保障

课程创新，不仅是常规教学的有序持续发展，而且是学校课程特色的持续发展。这里的课程特色，不仅指学校的课程特色，而且指课程的个性，反映了成熟型教师的课堂个性，反映了学生学习的自主个性，也反映了学校办学理念的课程个性。这些都需要在管理中进行引导，进行培养，给予支持。

学科教研组是对学科进行管理与激励的最小单位。我们要做到如下几个方面：①制订学科教学计划，确定全册或单元教学的质量要求；统一教学进度，研究教材的重点、难点和突破难点的教学措施。②开展理论学习，交流教学改革的信息；组织组内观摩课；开展教法与学法研究。③培养青年教师；大胆进行实验课的探索，积极推广教科研成果和成功经验。④教研组要严格遵守重点发言人制度，每周进行一次集体活动。因故未活动的要将本周改动的时间通知教导处。教学干部不定期参加教研组活动。⑤学科组组长按学期初确定的教学进度将教研内容提前通知相关教师，保证人人参与，做好活动记录，提高教研活动的质量。

科研是教师专业化发展的必由之路。教师可以通过科研深化对教学的理解，获得专业成长。科研并不是要做出惊世骇俗的事业，而应该成为教师教学的日常行为。为此，我们提出如下几个方面的要求：①教师每学期应有个人研究专题，可采取不同形式的教法对相同课题开展对比实验。教研组应开展经常性的听课、评教等研讨活动，形成良好的教科研风气。②学期末，教研组、教师应围绕本学期的教研专题写出经验总结或学术论文，并组织交流。教研组要鼓励教师进行个性化的研究。③教师要积极参加论文评选活动。学校将对成绩突出者进行奖励。④学校要安排教师认真记录教研组活动的内容及过程。

减负，是课程发展与创新的基本内容之一。为落实减负，提高课堂和作业的效率，我们加强对练习册的检查情况，确定学生的作业是否与教学进度一致，学生是否拥有良好的作业习惯，教师的批改是否规范。我们要求教师做到：不推荐、不购买任何教辅材料。禁止“课堂内容课外补”，杜绝全体学生性质的补课。后进生的辅导要纳入教师日常教学计划和教研计划，做到认真、及时、具体，确保及格率。

对于学生的能力差异较大的班级，有的教师希望能够利用课间或课余时间给学生补一补，促进学生的共同发展。经过审慎的决定，我们要求教师在课余时间辅导时必须征得家长的同意和支持，不收取任何费用。辅导要适时、适当，辅导的目的要明确而集中。教师要按照学校的要求确保学生安全离校。利用其他时间进行辅导的教师，不能妨碍其他学科教学，不能借故加重学生的课业负担。

减负要通过高效的教育过程不断改变学生的学习方式，促进学生的可持续发展。减负要抓关键环节，增强针对性和实效性，不断深化课堂教学改革，提高常态课教学的实效性。我们采取多种方式激发学生的学习兴趣和学习动机，注重学生的学习体验和课堂教学的参与度。在以“关注学生的课堂表现”为主题的教研活动的推动下，学生更加积极主动地学习了；越来越多的学生敢于质疑，敢于发表自己的见解；师生之间、生生之间平等互动，课堂成为思想激荡和思维碰撞的地方。

二、为课程的特色发展提供平台

课程的特色发展，是学校特色发展的外在体现。特色课程是学校课程不可或缺的重要部分。

2014年2月，习近平总书记在北京玉河考察时指出："历史文化是城市的灵魂，要像爱惜自己的生命一样保护好城市历史文化遗产。""北京是世界著名古都，丰富的历史文化遗产是一张金名片。"学校审时度势，结合所在地域的特色与历史文化，提出将中华优秀传统文化教育作为新一轮课程改革的突破口，大力开展相关研究与活动。

教学部门在贯彻这一特色发展思路的过程中，采用了培训引导、重点扶持、资源开发、搭建平台等多种方式。

我们将校园环境建设、特色课程资源和特色课程开发作为一个整体，促进它们共生发展。我们开展书法、美术、舞蹈等中华优秀传统文化教育；建设配套的专业教室，对相关教师进行培训，引入或开发相关课程；激励教师在课程中有所作为；结合校史成果，建设校史馆；鼓励、帮助相关人员开发校史课程，开展校史宣讲活动；开发"小芝麻歌"课程，让礼仪规范与校史教育走进学生；以"小芝麻歌"课程为学校环境建设的元素；以黑芝麻胡同小学的成立为契机，整体构建四个校区的校园环境；按年龄特点建设各校区的阅读空间；开展相关的阅读课程活动。

我们提供丰富的课程，助力学校特色课程的发展。学校利用东城区教育委员会提出的"文化·传承2030"工程、"可持续发展2050"工程和"六个一"工程，引入丰富的传统文化课程。东城区成立了青少年学院，从中甄选与学校办学理念、特色发展相一致的课程，构建丰富的特色课程群。

我们开设主题活动课程。几年来，学校围绕着中华优秀传统文化这一特色发展的主题，开设各类活动课程，如开学典礼、"六一"活动、创造纪念日活动、一二年级乐考活动、寒暑假主题活动。学校引领学生走进故宫，游历大运河，开展民俗活动，认识胡同文化，走进经典名著。

我们鼓励教师开发相关课程。学校建立研发室，专门进行课程的科研开发活动。研发教师走遍学区内的60多条胡同，开发出“胡同篇”“建筑篇”“人物篇”三套课程资源扑克牌。我们将扑克牌发到教师手里，使人人参与活动和课程的开发。在此基础上，学校培养科研人才和青年教师，为他们搭建相关的展示平台。这样可以让创新有成果，让教师有成就。

第五章

长长的路要慢慢走——课程变革中的教师发展

佟老师是一位青年教师。参加工作的第二年，她参与电子教材的课题研究，要上一节“认识平行四边形”的公开课。这是她第一次接触电子教材这样的新鲜事物。一次次的试讲，和程序员沟通、修改教材，她慢慢地理解了如何使用电子教材上课以及其与一般课程的区别和联系。在研讨的过程中，学校领导、市教育学院的专家、技术人员、其他的教师坐在一起，给她提出修改教学设计的建议。在反复的磨合过程中，她既让大家认识了自己，又让自己的教学跳出固化思维，以新颖独特的方式解决了教学的重点和难点问题。

一次次的参与课题实践，让她变得越来越自信。现在的她，感觉站在讲台前，身上就自带光环。自己可以应对繁重的工作，可以上好课，并且非常喜欢和学生接触，喜欢把知识传授给他们，也更喜欢和他们一起玩乐。教师职业，不只是自己最初的职业梦想，更是自己最美好的事业追求。

佟老师的经历，就是一位教师的专业化发展之路。

学校不仅要培养学生，而且要培养教师。这是一条长长的路，它关系着教师的终身学习与成长。我们要携起手慢慢走，欣赏路上的风景，感受成长中的收获。

第一节　理念引领文化浸润，让教师爱上教育

一、课程发展就是教师发展

课程建设领域有一句名言，即课程发展就是教师专业发展，没有教师发展就没有课程发展。《北京市中长期教育改革和发展规划纲要(2010—2020年)》明确提出："坚持以德为先、能力为主，建立健全教师队伍建设长效机制，全面提升教师综合素养，着力构建高素质的专业化教师队伍"。由此可见，关注教师队伍建设、促进教师专业发展，实现技术因素与人的因素的统一，是保证课程改革与创新的动力，是促使新课程得以顺利实施的基础保障。

学校秉承陶行知的创造教育思想，本着"尊重、民主、多元、开放、可持续"的管理理念，以课程建设为依托，构建"理念引领，文化浸润""培训互助，交流研讨""搭建平台，开阔视野"的教师发展三大机制。学校要让教师的知识与道德、智慧与价值协同发展，有效实现"教师个性发展与特色课程构建"循环促进的可持续发展模式，使教师的教育生涯绽放出绚丽的光彩。

"要有好的学校先要有好的教师"，陶行知在南京晓庄学校时提出了这一主张。学校注重教师队伍建设，希望教师能够怀揣梦想，怀抱激情。这是我们的教师观，也是我们的教育追求。

美国国家教育统计中心所做的调查研究显示，新教师在最初的3～5年内的离职率高达30%～50%。新教师任教的前两年是教师成长与发展的关键期，也是充满困难与挑战的过渡期，处于极不稳定的状态。针对这一特点，我们在梦想与情怀上下功夫，以帮扶激励为手段，让他们度过职业危险期，对当下的考验充满力量，对未来的发展充满自信。

二、以教师发展促进课程发展

在教师发展的实践中，我们的具体做法有：新教师访谈、新教师家

访、各部门实习和期末汇报等方式。

对学校教师的跟踪访谈表明，教师进入学校的目的各不相同。有人从小想做教师，认为光荣；有人认为教师有寒暑假，生活自在；有人认为教师职业稳定；有人认为教育学生很容易，不会有其他职业的风险与压力；也有人是为了父母的期盼。

我们常常安排新教师在教导处、教务处兼职实习，熟悉学校的各种要求、各种事务，接触学校的办学理念，参与学校各项活动的布置、实施和反馈；让他们了解学校的工作，感受学校的特色与制度要求，为他们走进课堂配备指导教师，安排他们听课；感受学生的学习与生活情境，感受模范教师的奉献精神与创新精神。

新教师汇报是每个学期期末的常态汇报之一。在汇报中，新教师深入要理解学校的办学理念、育人目标；理解学生的年龄特点与个性需求，和他们交朋友，理解教师职业的艰辛与快乐，以自己的职业为荣。新教师要树立托起学生、改变未来的教育初心；立志做“有理想信念、有道德情操、有扎实知识、有仁爱之心”的好教师，立志成为学生“锤炼品格、学习知识、创新思维、奉献祖国”的引路人。

作为黑芝麻胡同小学的教师，我们要时刻怀揣教育梦想，满怀教育激情，从一个个生命的个体出发，关注学生的成长，用爱激发学生心灵的共振，用激情促进生命的成长，用梦想点亮学生的心灯，让自己的教育生涯演变成怀揣梦想的、激情燃烧的岁月，焕发出生命的色彩。

第二节　专业规划，互助交流，让教师获得发展

有学者在对教师教学专长研究的基础上，提出了关于教师成长的五个阶段：新手阶段、优秀新手阶段、胜任阶段、熟练阶段和专家阶段。所有教师都是由新手教师起步的，随着教学经验的积累，过 2～3 年就可以成为优秀新手教师。再过 3～4 年，大多数教师都可以达到胜任水平。到第 5 年时，一些教师会成长为熟练教师。

教师的成长，不是随意的、野蛮的，而是一个有规律可循和有科学依据的过程。这就要求学校有自己的关于教师成长的理解与规划，为不同发展阶段有着不同需求的教师提供不同的成长方式，减少教师的挫败感，促进教师自我价值的实现，从而使不同的教师拥有不同的教育归属感。

伯顿(Burden)、费斯勒(Fessler)、司德菲(Steffy)、休伯曼(Huberman)从教师专业发展的角度出发进行研究，均提出了许多重要的理论。其阶段划分如表 5-1 所示。

表 5-1　教师专业发展的阶段划分

教师专业发展理论	阶段划分			
伯顿的教师发展阶段	求生存阶段	调整阶段	成熟阶段	
费斯勒的教师职业周期动态模式	职前教育阶段	入职阶段	能力形成阶段	热心和成长阶段
	职业受挫阶段	稳定和停滞阶段	职业低落阶段	职业退出阶段
司德菲的教师生涯发展模式	预备阶段	专家阶段	退缩阶段	更新阶段
	退出阶段			
休伯曼的教师职业周期主题模式	入职期(求生和发现期)	稳定期	实验和歧变期	重新估价期
	平静和关系疏远期	保守和抱怨期	退休期	

其中最有代表性的是费斯勒的研究。[①] 他将教师职业依照环境分为 8 个阶段，开辟了教师职业周期分类的新视野，给我国教师专业发展研究带来了启示。

教师专业发展不是一个简单的、线性的递进过程，而是一个螺旋上升的前进过程。学者们对教师专业发展的阶段划分众说纷纭，但大体可分为 5 个阶段。孙晨红、张春宏、王睿尝试结合我国的教育现实，将教

① 吴金辉：《教师专业发展的理论与实践》，25 页，北京，中国传媒大学出版社，2006。

师专业发展划分为职前阶段、入职阶段、胜任阶段、熟练阶段和专家阶段。[①]

第一阶段为职前阶段。它是师范生的专业化阶段，是教师角色的储备阶段，这一阶段的教师专业发展主要是教师专业素质的养成。

职前教师的专业发展主要是通过在教师教育院校的学习来完成的。教师教育院校是培养师资的正式机构。目前，世界高等教师培养机构有三种类型：一是综合大学、文理学院等高等院校；二是独立存在的师范院校；三是独立存在的教师教育机构。我国教师教育机构以独立设置的师范院校为主体。师范院校包括中等师范院校、师范专科学校、师范学院(师范大学)和少数综合大学的教育学院。职前教育学历的不同决定其培训的年限有所不同。

第二阶段为入职阶段。它是新教师从受聘上岗到转正前这一阶段所接受的指导和训练。这是新教师过渡、体验、培养责任感和使命感，更快进入学校文化系统扮演职业角色的重要环节。

新教师的入职阶段在教师专业发展过程中的地位非常重要。具体表现为：新教师在入职阶段的发展直接影响着他们是否会继续留在教师岗位；新教师在入职阶段的发展影响着他们未来将会成为什么样的教师；入职阶段是新教师步入成人期的起始阶段。因此，重视入职阶段的教师教育对于教师的专业成长具有重要的意义。

入职阶段的教师面临的问题和挑战主要体现在以下几个方面：第一，教学上的问题，包括教学能力的不足、教学资源的缺乏等；第二，班级管理上的问题，包括课堂管理、教学管理等；第三，人际关系的处理，包括教师与学生的关系、教师与领导和同事的关系、教师与家长的关系等；第四，学校文化的融合和心理适应等。[②] 要想帮助新教师解决

① 孙晨红、张春宏、王睿：《教师专业化发展与教师成长》，83～84 页，哈尔滨，东北林业大学出版社，2016。

② 明新：《中国小学新手教师的表现特征研究》，硕士学位论文，华东师范大学，2017。

这些问题，学校往往需要花费大量的时间和精力。

第三阶段为胜任阶段。在积累了更多的教学经验并尝到成功的喜悦后，一大部分新教师可以进入胜任阶段，但并不是所有的教师都能达到这个水平。一般来说，大多数工作了三四年的教师可以达到胜任水平：授课前他们能有意识地选择教学内容，确定教学重点、难点，制订教学计划，采用适当的方法进行教学；授课时他们能引导学生轻松地掌握重点、难点的知识，能分析课堂环境和学生听课的实际情况，更主动地掌握课堂教学，了解自己的教学效果；为了更有效地控制课堂，他们会积极主动地进行反思。如此一来，这些教师对教学更富有责任感，以更高涨的工作热情投入新的教学，希望取得更大的教学效果。

第四阶段为熟练阶段。在工作 5 年后，有一定数量的教师会进入教学水平相对熟练的发展阶段。这时，教师的直觉起着越来越重要的作用。他们对教学情境已有了直觉感受，并通过分析教学情境积累了比较丰富的教学经验，因此能够在更高的水平上发现教学情境的相似性，并加以有效的分析和判断，对新的教学情境进行预测。随着时间的积累，这种预测的明晰性和准确性不断提高。

第五阶段为专家阶段。专家阶段是教师发展的最高阶段。能达到熟练水平的教师会有不少，可是能发展到专家水平的教师却为数不多。进入此发展阶段的教师，能凭直觉把握教学，见闻广博，驾驭教学的能力较强；在课堂上娴熟自如，润物细无声，能运用知识如春雨般浇灌学生的心田。更重要的是他们能成功地鼓励和指导青年教师，引领青年教师的专业成长，成为青年教师模仿和学习的榜样。

入职阶段的教师发展的目标和任务包括四个方面：一是树立专业思想，学习教师的规范和要求；二是熟悉中小学教育教学环境，尽快实现从“预科教师”到实际教师的角色转换；三是进一步学习教育学、心理学理论，接受学科教学法方面的培训；四是尽快掌握中小学教育教学常规，提高组织教学、管理班级和教育学生的能力，尽快适应中小学教育教学工作。舒尔曼在《理论、实践与教育的专业化》中指出：“培养专业人员不能只是简单地把他们所学知识应用于实践，而是在不可避免的、不确定的情况下学会运用判断，即学会变化、适应、融会贯通、批判、发明，把学校所学的理论知识，变成专业工作所需要的临床知识。”

胜任阶段的教师发展的途径包括三个方面：一是教师培训。一些骨干教师及学科带头人的讲座和分享，有利于培养教师的问题意识，开阔教师的视野。二是行动研究。它又称为教育行动研究，是指教师在现实教育教学情境中自主进行反思性探索，并以解决工作情境中特定的实际问题为主要目的，强调研究与活动的一体化，使教师在工作过程中学习、思考、解决问题。教师通过教育行动研究，可以提高解决实际教育问题的能力，提高适应、参与课程和教学改革的有效性，促进自身的专业发展。三是反思性教学。所谓反思性教学是指教师在先进理念的引领下，借助行动研究，通过回顾思考、分析评价教学经历和经验，探究和解决教学实践中的问题，从而改进教与学的关系，提高专业技能。

熟练阶段的教师最容易进入职业瓶颈期。此时教师需要利用具有挑战性的活动激发学习动机。参与课程开发是该阶段的教师提升自我的最优选择。课程开发过程使教师具有一个更开放的思维系统，能改变教师不合时宜的观念，使教师具有更强的批判反思能力，激活教师的创新能力，并有利于提升自己特有的教学实践性知识，使自己积极主动地走向专家型教师。

专家型教师需要学校提供“传道”的平台，带领新教师寻找专业发展的道路。

一、教师的发展现状分析

学校现有教职员工 162 人，其中备案干部为 13 人，校级干部为 6 人，中层干部为 7 人。校级干部的平均年龄为 46 岁，年富力强。一线教师为 134 人，平均年龄为 37 岁，学历均为本科及以上。学校具有高级职称的教师为 7 人，区学科带头人为 2 人，区级骨干教师为 17 人。

在学校发展现状的诊断性评价报告中，93%的干部在“能不断提出新问题、新观点、新思路、新方法”上认为能创新工作；100％的干部和教师认为学校或自己能按课程标准(教学大纲)教学，不擅自改变总教学进度；95％的干部认为学校教师能努力转变教学理念，改变教学方式，具有较强的教育教学能力；100％的教师认为学生对自己的教学满意或比较满意。在对家长的问卷调查中，对于“我的学生觉得大部分老师讲课讲得清楚明白”和“大部分老师讲课我的学生都喜欢”两个问题，98.9％和96.6％的家长选择“符合”或“比较符合”。这说明学校教师的教学水平得到了学生和家长的认可。另外，在“学校要求学生做事要认真负责”上，家长回答“很符合”的比例是77.3％；在“学校很重视培养学生的团结、合作精神”上，家长回答“很符合”的比例是73.6％。学生认为“教师能够公平地对待我们每一个人”的比例是88.8％。

通过上述的数据可以看出，学校有着一支精干、稳定的干部教师队伍。其中，中青年教师是学校的骨干力量，他们观念新颖，知识结构稳定，接受新事物的能力强。在新课程改革中，他们乐于实践，敢于探究。同时，他们是由普通教师向专业教师过渡与发展的主要力量。

二、不同阶段教师的发展任务

学校在分析教师的发展现状与学校及国家对教师的要求的基础上，结合学校的办学理念，依据教师自身的专业发展程度，确定了“明师—修师—醒师—名师”的教师专业发展阶段，以便教师进行自身评估与调整。

(一)明师阶段

明师，即明白的教师。这一阶段主要针对刚参加工作的新教师或者新调入学校的教师。在这一阶段，教师需要理解并认同学校的办学理念，明确自身的教育责任，通过参与学校教育教学工作及活动，认清自身的专业特长及发展需求。

学校对新入职教师开展培训，为5年以下教龄的青年教师配备指导教师；安排参加陶行知研究会、市区组织的各种培训，形成文化认同；

遵循“使用即培养”的人才管理与选拔原则，让教师在承担不同教育教学工作或任务的过程中，明确自身的需求；开展师德师风培训，针对学校、家庭、社会中新的教师问题，由校长亲自培训，增强教师的教育信念，提升教师的人格修养。表5-2是师德师风的培训内容。

表5-2 师德师风的培训内容

主讲人	主要内容
吴健	教师如何与家长交往
康昕、喻鸿凤	安全首位，健康第一
吴健	师德师风专题培训会
邢利红	如何开展小学生综合素质评价
康昕	魅力学校，印象德育
康昕	同样的气质，最好的名片
张暹	学校教育中的法治思维
康昕、马振宇	“小芝麻成长记”德育评价系统手机应用使用培训
吴健	坚持立德树人，优化育人环境
康昕	新学期班主任工作培训会
康昕	活力绽放创新风采
万平	教育，是温暖的
宋少卫	教师心理培训系列讲座(一)：小学教师高效沟通策略
常晓敏	教师心理培训系列讲座(二)：应急事件处理
吴健	做一名智慧教师：班主任工作经验分享
朱煦	教师心理培训系列讲座(三)：“问题”学生的处理技巧
常晓敏	教师心理培训系列讲座(四)：家委会建设与家访攻略
梁波	教师心理培训系列讲座(五)：教师心灵成长

(二)修师阶段

修师，即行动中研究，教学做合一的教师。陶行知曾提出：“行是知之始，知是行之成。”行动研究始终是促使教师将教学理念转化为教学行为的主要方式之一。在这一阶段，教师将通过课堂教学，实施课程改革理念，以生活教育理念为指导，以社会发展需要为素材，以促进学生综合能力的提升为目的，大胆开展教育教学实践。

在这一阶段，教师需要在不断的突破与调整中寻求一个适合自己的教学风格，所以容易产生挫败感和压力，这是因为教师自身还没具备自己的教育优势和学会掌控各种突发事件的经验。针对这一现象，学校主要通过以下几方面帮助教师实现顺利过渡及转型：加强课堂指导，提升教师的教育教学能力与技巧；针对教师的个性特长，搭建平台，提升教师的价值感和自信心，激发教师的创新能力；开展课题引领，帮助教师养成制订个人教育发展规划的习惯，既要善于反思与总结，又要保障教师教学的科学性与规范性。

教学是教师的首要任务，既是学校发展的生命线，也是教师成长的重要阵地。我们要求教师做到"三个原则""三个带进""三个真心"。

"三个原则"：欣赏、激励、发散。

"三个带进"：把启思带进课堂，把激智带进课堂，把创造带进课堂。

"三个真心"：真心尊重每位学生的人格，真心认识每位学生不同的个性，真心相信每位学生都有巨大的潜能。

学校在具体执行中有三个举措：通过特色校本课程，关注学生的成长需求；通过学习方式变革，培养学生的综合素养；通过搭建展示平台，凸显学生的潜能。

上述思想观念本质上是对教师思想观念的浸润。教师通过这种积极、正面的影响，使思想观念得到了进一步的提升。他们爱岗敬业、真诚付出、积极创造的精神如同秋风一样在校园中浮动，将学校的精神文化带向了新高度。

(三)醒师阶段

醒师，即自觉积极工作的教师。在这一阶段，教师的教育教学方法及行为都已经相对成熟，并开始具有个性特色。他们不仅能够出色地完成本职工作，而且能自觉创新工作内容与方法。他们多为校区级骨干教师，具有一定的引领作用。

针对这一阶段的教师，学校可安排他们承担或负责一些学校的具体工作，一方面锻炼他们统筹协调的能力，另一方面为其提供更大的发展平台，使其更好地发挥特长，开展创新活动；学校为其安排更具专业性质的培训，促进其教育教学理念的更新；学校安排其承担各级各类的展示工作任务，搭建发展平台，促进其个人价值的实现和个性特长的提升。

对于教师来说，最好的支持是为他们提供教科研平台，引导他们向更高的目标迈进。学校大力支持教师参与教科研等各种活动。一位刚参加工作两年多的教师，在日常培训中积极认真，表现出成长的愿望。我们就聘请专家和教研员来帮助她，让她参与市级培训和教材的编写以及全国课程展示，在这一过程中，磨练她的教学能力和意志品质。她不仅成功地完成了全国课程展示、区级德育课及数学示范课，而且在区级教学大赛中获一等奖；她工作刚满五年，就成长为一位优秀教师。为了打开她的视野，激励她树立更高的发展目标，我们又推荐她到美国学习一个月，去德国、法国考察交流，相信她的未来会走得更高、更远。同时，学校更多的教师也同她一样积极地加入教研、科研和学习，积极地挖掘自身的智慧。

(四)名师阶段

名师，即成为学校品牌的教师。名师不仅有教学特色，而且能够辅导并指导青年教师的成长。同时，名师在其专业领域得到了同行的认同。这是所有教师的终极目标，也是学校教师管理的最终意愿。

学校建立了以学校名师、骨干教师为主体的学科专业培训小组，开展了名师结对活动，形成了多元化的名师带教制度。表 5-3 为专家培训内容。

表 5-3　专家培训内容

主讲人	主要内容
丁雁玲	着眼学段融通助力数学思考
李春山	如何进行教育实验研究
王文丽	如何用好教材
蒋杰英	以组合阅读促语文素养的提升
张宇	如何正确解读统编教材
刘德武	“倾听·思考·建议”专题讲座
付红	如何制定语文教学目标
宋浩志	如何提升教师关键能力
王彦伟	变“静”为“动”，发展空间观念
马隋群	核心问题引领教与学，培育学科核心素养
王海华	激发生成、有效捕捉、合理运用
王伟	如何落实英语教学课堂实效性
李玉顺	教育信息化研究
张丹	培养数据分析观念，做大数据时代下的有心人

首先，外出培训拓展了教师的教育理念及教学方法，使教师有时间集中汲取新的教育理念，提升了教师的使命感和责任感。

其次，外出培训促使教师更好、更自觉地开展教育教学研究，通过活动提升教育自信，凝聚荣誉感。

最后，学校通常推荐或者委派骨干教师参与外出培训，或者安排新入职教师接受培训，关注教师不同层面的发展需求，激发教师的工作积极性。

每位学生的未来都有无限的可能。教师同样如此。由于可以预见的成长会让人对职业更坚定、更自信和更执着，因此学校帮助教师发现自身的优势和薄弱点，制订适合的发展规划，为他们提供最大限度的帮助。那些发展可能便会悄然而至，积聚成教师队伍发展的阶梯。表 5-4 为学校的教师发展阶段。

表 5-4　学校的教师发展阶段

标准	结果指标		
	明师阶段	修师阶段·醒师阶段	名师阶段
关于学科知识	了解本学段的学科知识体系，掌握本学段课程标准中规定的学科知识	理解相邻学段与学科有关的知识；把握学科知识体系，了解本学科与其他学科以及生活实践、社会发展之间的联系，并能有意识地在教学中渗透	具有统领性、深刻性、融通性的学科知识；在丰富的学科实践经历中，形成动态发展的学科知识结构和解决实际问题的能力；具有多学科知识并能很好地融通起来
设计合理的教学方案	具有了解学生的已有基础，分析学生的学习经验和学习困难的意识；学习目标的确定和表述基本合理；学习活动的设计基本围绕学习目标	能选择合适的方法比较深入地了解学生；学习目标的确定合理；学习活动的设计紧紧围绕学习目标，具有逻辑性和开放性；能够设计评价学习效果的活动	整合多元教学目标，不仅关注学生获得知识、提高认识的能力，而且关注培养学生的责任感和非智力因素；根据学生的认知发展规律，整体安排学段教学进程和创造性地设计教学单元，能够进行教学设计背后的学理分析；深谙不同类型的学科知识的学习策略，具有丰富、系统且有创造性的教学策略，在教学设计中运用智慧优化教学过程
实施有效的教学活动	教学活动能够引起学生的注意与参与；具有教学实施的必要技能；能够运用信息技术，并能初步有效地运用于教学中	教学活动能吸引学生积极参与；具有实施课堂教学的技能，并能较为灵活地运用；较为有效地将信息技术整合于教学中	课堂教学富有激情，学生被教师对学科的执着向往打动，形成持久的学习动力；具有果断的教学决策能力，能根据学生的学习情况灵活调整教学的内容、顺序和方法；关注研究学生的个体差异，能为学生提供丰富的学习资源

续表

标准	结果指标		
	明师阶段	修师阶段·醒师阶段	名师阶段
教育教学反思与行动研究	经常有意识地反思自己的教学，具有问题意识，能够对工作中遇到的问题进行梳理，并转化为研究小课题	变经验性教学为反思性教学，提升教学实践的合理性；能够根据专题进行初步研究；了解研究成果的表现方法	善于提出并解决教育教学中的重要问题，开展教育教学改革实验，深入研究教育教学规律，形成独特的教育教学思想或教学风格；能够在学术刊物上发表研究论文或出版专著，使研究成果具有更广泛的辐射作用

三、教师发展水平的评估体系

就教师个体的培养来说，针对不同发展阶段的教师，学校提供有针对性的帮助，通过评估帮助教师认识自己，发展自己，成就自己。

首先，探索建立发展性教师评价制度。学校建立《教师专业发展业务档案》和教师专业发展记录袋，记载和收集“教师专业发展自我规划”“教学资源库”建设、自主业务活动、作品和荣誉等方面的内容，把教师自评、学生评价和家长评价有机结合起来，促进教师在自律和自信的良性循环中成长。

其次，制定并逐步完善《教师专业发展实施方案》《校本课程开发计划》《校本课程实施方案》等一系列促进教师专业发展的制度和规范。图5-1为学校制定的中小学数学教师专业发展标准及指导。

最后，建立教师自我评价体系。学校指导教师对照《教师自我评价标准》，对自己的工作进行诊断性评价、形成性评价和总结性评价，从而实现教师的自我教育、自我激励、自我提高、自我完善、自我反思和自我发展。

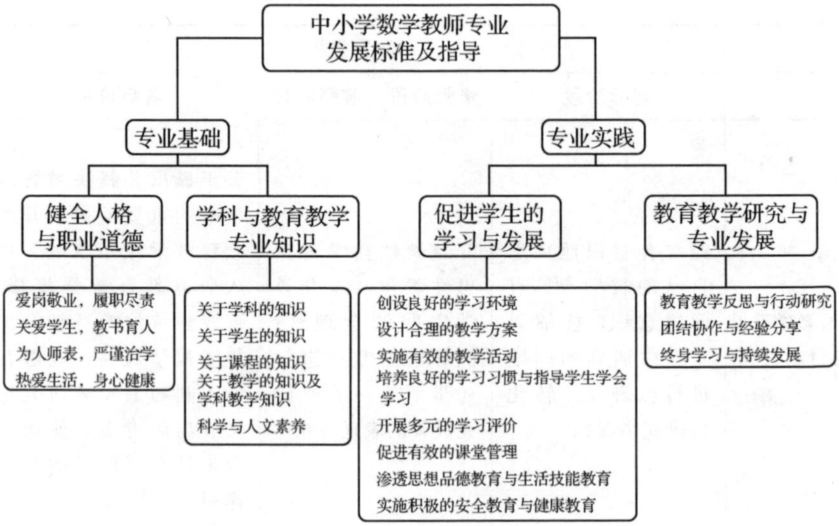

图 5-1　中小学数学教师专业发展标准及指导

此外，学校还建立健全了教师备课评价指标，帮助教师更好地认识教育教学，提升教学质量，实现教师专业成长。表 5-5 为学校的教师备课评价指标。

表 5-5　学校的教师备课评价指标

指标	内容	分值
教案格式完整(20 分)	教学目标准确	4
	重点难点突出	4
	课时安排及授课时间	2
	有学情分析，关注个体需求	2
	作业布置科学合理，有分层设计	4
	教学反思有针对性	4
备课有深度、高度、广度(20 分)	符合课程标准	5
	符合教材	5
	符合学情	5
	落实社会主义核心价值观	5

续表

指标	内容	分值
知识的呈现科学、合理，符合学生的认知规律，可操作性强（50分）	导语的设计新颖	5
	教学提问精确	10
	教学资源丰富	10
	教学过程清晰完整	10
	学生活动的设计科学	10
	课堂小结画龙点睛	5
书写（10分）	书写规范工整	10
其他	酌情加减分	±10

第三节　开阔视野，圆梦舞台，让教师感受幸福

一、提升教师的职业幸福感

提升教师的幸福感有助于提升教师的生命质量，完善教师的管理机制，提升办学水平。提升教师的幸福感是实现幸福教育的关键。[①]

通过文献检索、问卷调查和访谈等方法，我们发现影响教师职业幸福感的因素较多，且相互影响。其中教师的年龄、教龄、学历、职称和经济收入等因素对其职业幸福的影响更为深远。

教师的职业幸福感来源于教师的职业认同感。教师要感受到职业幸福感，首先要确定自己对职业的认同。教师只有明确了自己的职业定位，产生职业认同感，才会在教育教学工作中获得前进的动力。坚定的职业理想是实现教师幸福的动力，崇高的职业道德是实现教师幸福的阶梯。在动力的驱使下，教师会在教育事业中默默耕耘。当自己的付出获

① 张华：《教师管理创新与中小学教师幸福感提升》，载《中小学心理健康教育》，2017(32)。

得回报，自身价值得以实现，教师的幸福感就会不由自主地体现出来。教师的职业幸福感更多地体现在精神层面，教师需要用精神力量引领自己前进。精神有了支撑，生活就有了目标。

教师的职业幸福感来源于学校和谐、健康、向上的文化环境。学校不仅是学生学习的重要场所，而且是教师开展教育工作的重要环境。在这个大环境下，学校的文化氛围、同事之间的人际关系、领导的器重、专业的发展、评价机制的公平化和管理制度的合理化等都影响着教师职业幸福感的体验。和谐向上的文化环境让教师能够在教育舞台上得以发展进步、获得成就，使其拥有积极的人生态度，拥有愉悦的心情，懂得感恩。

教师的职业幸福感来源于家长的信任、理解与支持。随着教育改革和经济的快速发展，家长越来越关注学生的教育问题。家长作为社会代言人，时刻密切关注着教师的一言一行。同时，教育工作的顺利开展需要家长的配合与支持，这也让教师在工作中获得力量。在此基础上，教师与家长的有效沟通是必要的：一方面有利于学生的健康成长，另一方面有利于教师发现问题，解决教学问题，为教学工作奠定基础。

教师的职业幸福感来源于学生的感恩和爱。一分耕耘，一分收获。教师的辛苦付出得到学生的理解，这是最令人欣慰的事情。学生在教师的谆谆教诲下能够取得进步，是教师最满足的事情。教师与学生应建立平等的师生关系，教师要与学生友好相处，而不是居高临下，这样的教师也会获得学生的喜爱。这也是教师获得职业幸福感的重要途径。[①]

要想提升教师的职业幸福感，学校需要从以下几个方面着手。

首先，为教师提供良好的工作环境。兵马未动，粮草先行。后勤保障对于教师安心工作具有十分重要的意义。工作环境好了，生活条件完善了，食堂、宿舍如家般温暖，和谐温馨的教室和具有时代气息的阅览

---

① 刘婷婷：《中小学教师职业幸福感影响因素及提升策略研究》，载《西北成人教育学院学报》，2017(1)。

室、图书馆等工作环境尽善尽美，才能让教师静下心来研究教材、教法和学生，更好地为教育教学服务。这样，教师感到工作是快乐的、幸福的。

其次，开展内容丰富的文娱活动。教师应该有丰富的活动。比如，集体出去游玩，开展一场别开生面的运动会，举行跳棋比赛、象棋比赛、乒乓球比赛、篮球比赛、新年文艺汇演、课间健身操等。如果这些活动能够丰富教师的业余生活，丰富他们的精神世界，促进教师之间的交流，那么也非常有利于培养教师的职业幸福感。

最后，增加外出学习机会，提升教师各方面的素养。走出去，请进来。博采众长，为我们所用。时代在飞速发展，知识在不断更新，教师更应该不断充电，适应当前的教育改革。教师要向单位的同事和本地区的同行学习，利用网络学习，更重要的是教师可以借助教育改革试验区和发达地区的讲座、报告、教育教学活动、跟岗研修等多种培训形式加强交流。教师学习发达地区前沿的、先进的、最新的教育教学研究成果，开阔视野，提升境界，提高素养，并且将其应用于自己的教育教学当中，进而提高自己的教育教学水平，获得职业幸福感。[①]

有关教师幸福感的调查数据显示，令教师产生幸福感的前两项内容分别为教师职业的受尊重程度和教师工作的成就感。同时教师选择“工作压力”和“职业倦怠感”的比例也相对较高。的确，如果教师将自己的工作定位为“上课，批改作业，管理学生……”周而复始他们就会产生倦怠感。这实际上是教师自身开始缺乏工作激情导致的结果。因此，学校要转变教师的教育理念，增强教师的课程角色意识，使教师拥有课程研发与创新的权力，为教师搭建实现教育梦想的课堂，激发教师的教育能动性，提升教师的职业价值感。开展教育研究是解决上述问题的最有效的方法，同时研究成果又可以使教师再次获得成就感，进而提升幸福感，可谓一举多得。

① 韩春玲：《浅谈如何提升教师的职业幸福感》，载《学周刊》，2018(11)。

学校在2006年成为“陶行知教育思想实践基地”。作为北京市遨游项目实验校，学校拥有更多的课程自主管理权，这无疑为教师提供了广阔的创新空间，让教师将自己的教育梦想带入课堂，引领课程建设的个性及多元的发展。

二、重视校本教研，提升教师队伍的整体素质

相关的教育改革历程证明：没有教师的转变就没有学校的转变；没有教师的发展就没有学校的发展；没有教师生命价值的实现就没有学校甚至教育的理想、价值的实现。① 教师专业素质的发展的确是影响着学校发展进程的重要问题。学校要切实开展综合教育改革背景下的校本研修，需要多角度、多方面地整合力量，创造良好的校本研修生态环境，让教师在专家引领、同伴互助和个体反思实践中实现专业发展。实施校本研修，可以使广大教师提高职业道德素养，确立正确的教育观念，完善知识结构，提升知识层次，提升教育教学能力、实践创新能力和教育教学研究能力。伴随课程改革的深入推进，以校为本的“教、科、研、训”四位一体教师研修正在不断深化，并成为促进学校发展的动力。

学校将教研的着力点放在把握教材和驾驭课堂两个方面。新课程理念下的课堂教学不仅是知识如何传授的过程研究，而且是师生双方情感共融、分享体验和共同创造的过程。为此，我们从教师专业水平的整体性、差异性和发展性出发，开展校本教研。

(一)常规性教研，关注教师发展的整体性

常规性教研也称为管理型教研。我们以教研组建设为抓手，更多地关注全体教师，旨在按照教学常规的要求，以统一的教学内容、进度、难易程度以及教案编写、教学方法交流和教学内容处理等为主要内容，保障教学的顺利开展。教材及其所实现的目标是常规性教研活动的主线。常规性教研活动旨在促进年级教研组成员的沟通交流，关注教师整

① 李继秀：《教师生命价值及其实践》，载《教师教育研究》，2006(5)。

体素质的提高，其落脚点在于提高课堂实效。

青年教师的观念转变不难，教学方法的模仿也不难，小组讨论、课桌椅摆放形式的改变等也不难。但是教学的真谛是什么？如果我们不进行实际的指导，课堂教学效率的提高就是一句空话。为保障常规性教研的质量，我们针对教师的实际需求，整理出语文、数学教材单册中相关的知识点、能力点以及所对应的德育点，帮助教师解决教什么的问题。

教师的收获很大。青年教师结合学校整理的训练点，将教学目标设定的准确性大大提高，为提高课堂实效打下了坚实的基础。

青年教师感言

经过近一年的实习和工作，我们十分庆幸自己是在黑芝麻胡同小学这样一个历史悠久却又充满生机与活力的学校任教。

2017年年底，第六届“东兴杯”数学大赛拉开帷幕，黑芝麻胡同小学也迎来了东城区小学教研室“四站式服务”的第四站。数学组的新教师同样不甘落后，精心准备了风采展示课。

数学组的每一位做课教师，无论年轻或年长，还是授课年级的高低，都以精益求精的态度备课。我们和同组的其他教师一起参与了这几次活动的备课，目睹了数学组的教师日日奋战的备课过程，与此同时深深地感受到了他们的热诚。

学校主管领导和有经验的老教师纷纷向青年教师伸出援手，备课、听课、评课，提出中肯的建议，帮助青年教师逐渐完善教案，甚至亲自上阵导航课。

青年教师也不甘落后，坚持教书和育人相统一。张海晨老师和佟蕊老师通过多次前测进行有针对性的学情分析，设计最适合学生的教学方式。他们促使学生在价值观、文化沉淀、思维品质等方面获得有效的提高，做学生锤炼品格的引路人。

他们坚持言传和身教相统一，严谨治学。赵健老师和宋雨辰老师以教师关键教学行为和学生课堂表现行为为重点，掌握相关的教育理论、专业知识体系、扎实的专业技能，关注学生的实际获得，做学生学习知识的引路人。

他们坚持潜心问道和关注社会相统一。李帆老师和陈雪娇老师横向对比多种版本教材，纵向对比各年级段教材，进行全面的教材分析，位卑未敢忘忧国，在教学中结合社会热点问题设计教学环节，渗透可持续发展观念，做学生奉献祖国的引路人。

他们坚持学术自由和学术规范相统一。数学组的教师多次推敲、修改教案，精心设计教学环节，连课堂上的每一个设问、用词都进行斟酌，充分锻炼学生的学习能力、解决问题能力、实践能力和创新能力，做学生创新思维的引路人。

(二)案例式教研，关注教师的差异性

案例式教研也称为点评式教研。它旨在通过教研活动来提高教师的教学水平和专业素质，为教师的专业发展奠定基础。教学经历和教学反思是案例式教研活动的主线。案例式教研活动以教研大组或教师集体为主体，考虑到教师发展水平的差异性，以点带面，采取“说课—上课—评课—反思—整合”的方式，着重解决怎么教的问题。

为了能够达到以点带面的教研目的，我们需要明确主题，倡导骨干先行，广泛互动，专家点评。这样的做法收到了较好的效果。

我们以主题研究或研讨的形式进行案例交流，力争做到一例一得，以此启发教师注重教与学的差异性。

(三)课题式教研，关注教师的发展性

课题式教研又称为研究性教研。它旨在通过对科研课题的研究，突破教学过程中遇到的难点和关键性问题，使教学理论和教学实践实现有机统一。课题式教研活动可以促进教师在教学领域有所思考、发现、创造和更新，逐步形成自己的教学风格与特色。课题式教研采用以学科教研组为单位的课题研究小组的活动方式。

截至 2017 年年底，学校立项课题共 17 项，其中有 3 项国家级课

题、8项市级课题和6项区级课题。其中以干部教师的个人名义立项的课题有9项。另外，学校一直参与“遨游计划”和“创新人才培养计划”等4个项目的实验研究。

为了进一步激发教师的科研意识，学校聘请了北京教育学院的李春山教授、语文特级教师王文丽老师、北京市教育学会教师学习研究会常务副会长兼秘书长和教育部“国培计划”专家夏秋荣女士等专家为教师做培训；安排教师参加市区教委组织的各种研学和交流活动。先进的教育理念使教师感受到了教育科研的重要性，并将平时的研究性教学活动逐步梳理成了研究课题。

2015年3月，学校有幸成为东城区第三批COP（Communities of Practice的简称，译为实践社区）项目校。我们组织了7个学科、不同年龄段的15位教师，成立了COP团队。这是一支充满朝气与热情、活力四射的团队，这是一支不断开拓进取、开启学校“互联网＋”变革的团队。我们为它取名“芝麻开花节节高”，希望COP项目能够让教师成长得更快、更好。

团队成立之初，学校对每位教师提出了要求，制定了研修目标。几年来，我们先后派出12位教师参加了全国COP年会，展示了3节现场课。学校开展了6次项目组课堂观察活动，涵盖6个学科。参与的教师既有成长型教师，也有成熟型教师。每一次培训，都是教师牺牲休息时间；每一次上课，都需要教师反复磨练。这给教师带来了思想和行动上的改变。

线上线下、双管齐下的活动，拓宽了教师的教学视野。多位教师谈起参与的收获，带给我们最大的冲击是“四何”问题，让我们更加关注课堂提问的技术与细节，关注大数据，通过数据分析、发现问题，不断改进教学。

COP项目研修改变了教师的课堂，进而改变了我们的教师、我们的课程，最终给学校带来发展的变革。几年来，我们的团队收获了改变带来的成长。

三、重视科研工作，助力教师专业成长

在“注重前瞻性，兼具实用性；注重区域特色，兼具国际视野”课程理念的指导下，学校挖掘利用各种教育资源丰富我们的课程，为学生输送具有时代特色与需求的知识养分，以拓宽学生的观察视角，促进他们综合素养的整体提升。

但是一门新课程是否适合学生，能否可持续地发挥教育的价值，是需要通过小范围的课程实验来检验与测评的。“黑芝麻胡同小学志愿者教师团队”在这一时刻应运而生，他们来自学校各个学科的教学骨干，不仅要保质、保量完成自己的教学任务，而且还要肩负新课程研发与实验的工作。这不是上课、评课那么简单，他们还要对课程内容进行统筹规划，再结合不同年龄段的学生特点，独自完成教学目标、教学过程和教学评价的设计。

正是这些志愿者教师无私奉献的科研精神，学校才能陆续推出一批批深受学生喜爱和家长认可的课程，如关注学生批判精神与辨析能力培养的“媒介素养课”；关注学生社会适应能力的“理财小达人”“日常举礼”“安全‘童’行”等研发课程；关注学生学科素养提升的“成语龙门阵”“‘芝’慧乐园”“时光沉淀的馨香”等学科校本课程；结合教师专业特长研发的“玩自己创编的体育游戏”“3D打印”“动漫时空”“黑白世界”等主题课程。

具有创新精神和创新能力的教师获得了课程自主权，他们不仅借助团队的力量实现了教育梦想，而且促进了学校课程的丰富与多元发展，最终实现了学生综合能力的培养。

“因为喜爱而尝试，不会觉得辛苦，只有快乐与幸福!”这是学校教师在创造性工作之余发出的感慨。每一位怀有教育情怀的教师，在这里都可以结合自己的专业特长和兴趣爱好，打造属于自己的“个性讲台”，放开手脚，打开思路，在自己的工作岗位上，施展自己的才华，为学生和学校注入源源不断的活力，迸发创造的火花。

语文教师的古风课堂

转眼间，我在学校担任语文教师已有6年了。在这6年，我们一直相信兴趣是最好的老师，也是一个人气质的名片。热爱写作、表演和诗词创编的我们，喜欢将自己的特长和日常教学相结合，和中华优秀传统文化相结合，组织学生开展特色语文活动。“草木缘情”踏青咏春、二十四节气学生诗词创编、走进鲁迅的童年生活、传统文化小剧创编等，一次次的细心尝试，一次次的用心反思，不仅锻炼了学生的语文素养，而且使我们的教学水平和科研能力不断得到提升。乐于参与社会活动的我们也因此担任了《中国少年报》的通信员，从2014年到今天，我们和学生一起参与了一系列征文和采访活动。组织的少先队活动多次被刊登在报刊的整版或头版，很多学生都被评为优秀小记者，我们也连续多年被报社评为优秀辅导员。

这些特色教学活动也锻炼着我们，使我们登上了更大的平台。2017年，我们参与了中央电视台《芝麻开门》节目的录制，担任了历史故事专场嘉宾，有机会和央视著名主持人“花姐姐”同台，将自己对历史人物的理解讲述给电视机前的每一位酷爱文学的学生。此后，我们还参与了一系列的出版活动：撰写的《绘本教学与启蒙阅读的研究》收录于曹文轩主编的《鸽子号》；《桥梁书怎么读?》收录于2017年《中国教师》期刊；参与编辑的《小豆包系列》桥梁书、《变色猫与月亮冰激凌》《有20头大象的餐厅》《与众不同的男老师》皆已出版，其中《小豆包系列》和《变色猫与月亮冰激凌》获得了全国“冰心儿童图书奖”。同时，我们还接到了首都师范大学儿童文学博士的邀请，和她的团队一起参与“桥梁书”线上手机应用的开发。

欲寄彩笺兼尺素，山长水阔知何处。我们会继续坚持语文特色教学这条路，努力提升自己和学生的综合素养，不断迎接新的挑战。

一位男教师的舞蹈情怀

在学校工作的第一年，作为一位青年教师，我走出大学校门，走入学校，时时刻刻感受着学校领导和教师的温度与热情，让我这个刚刚迈出校园的新教师少了些胆怯心，多了些归属感。虽然工作了短短一年，但是在领导和教师的鼓励与帮助下，我的成长速度是按天算的。在舞蹈教学中，我们坚持以美的教育为核心，注重培养学生对舞蹈的兴趣，让学生在愉快的舞蹈课程中主动去感受舞蹈、理解舞蹈、表现舞蹈。

2018 年 6 月，我们参与了“多元化舞蹈教学培养学生核心素养”舞蹈教学研讨会，其中在“隽舞芳华——教师风采展示”环节，我们参与了编排和表演。在这次研讨会上，我们展示了情景剧、现代舞和芭蕾等众多舞蹈的技巧并圆满地完成了表演任务。夹津口镇中心小学的教师在赴北京学习第四天时来到了我们所在校区听课。我们向他们展示了舞蹈课“字母歌”，受到了他们的一致好评，成功展示了学校的风采和首都师生的风采。

一个排球冠军的主场

来学校快 3 年了，我经历了从全国冠军到小学教师的转变。我以前是一位普通的运动员，现在是一位小学教师。虽然有着各种冠军头衔，但进入一个新环境后，以前的所有全部清零，我需要有很多的改变。

我所学的专业是排球，所以来到这里组建了学校排球队。我们队从最初的几个人逐渐发展到现在的 30 多人，也算是人丁兴旺了。学生很愿意跟着我们一起训练，每位学生都能上场比赛。我们也获得过各种各样的成绩，如东城区第二名的好成绩。在寒暑假的时候，我会组织学生外出集训。我们还参加了北京市排球传统校的比赛，在比赛的过程中我们和北京市优秀传统校过招的时候也打出了自己的水平，获得了优异的成绩。

在获得这些成绩的同时，我的学生也在和我们一起努力训练着，他们每天都很高兴地来学校训练。他们自己支网、推球，准备着一切与训练有关的东西。我在训练中对他们很严格，使他们在开始会有些不适应这种严格的执教风格。后来他们慢慢适应了。我们也遇到过一些困难，像我们的训练时间和场地条件有限，但是我们依然努力训练着。我们会利用周末和寒暑假的时间进行训练。当受到天气因素的影响时，我们就把训练器材搬进室内，进行一些专项的身体训练，如仰卧起坐、对墙练习挥臂动作、用小哑铃增肌等。

学生练习排球的这段经历是他们人生当中最宝贵的财富。每一个人都有追逐梦想和超越自己的权利。我愿意让他们站在我的肩膀上看到更美好的未来。有人问过我，你放弃了自己心爱的排球事业值得吗？我说值得，因为我是换一种方式支持排球事业，我愿意用我的努力点燃中国未来的体育事业，也希望我可以成为一颗可以燎原的“星星之火”。

成长是对初心的坚守，是付出后的收获。创造的教师才能培养出创造的学生。课程因教师的全情投入而焕发光彩。

第六章

向大地汲取营养——课程的资源开发

这是一节美术课。学生所学的是人教版美术教材中“百变团花”一课。

在课堂上，教师有意识地出示了图片，引导学生欣赏宋代铜镜、唐代青铜器、敦煌藻井、隋唐服饰，让他们从中了解团花图案。学生在欣赏中分析图案的特点和制作的方法。进而在教师的带领下，学生形成折、剪技能。课后，教师又带领学生走进了位于南锣古巷的非遗博物馆。剪纸传承人一边为学生剪纸，一边讲述团花的文化。这一次学生对团花有了更加深刻的理解，制作起来更有兴趣，当然制作的“花样”也更加丰富。这种亲近与体验的过程增强了学生对这种民俗形式的理解，也深化了他们对传统民俗形式的热爱。

这节课的亮点之一，就是教师对资源的运用，尤其是对周边资源的运用，让学生对美的欣赏更加立体，让学生获得更多的对优秀传统文化的感悟，也让学生更愿意参与其中。

没有对资源的挖掘、整理，就没有对资源的利用，丰富的课堂体验也更无从谈起。

谁拥有资源，谁就拥有课程。只有把根深扎进生活的土壤，才能够从中汲取课程资源的营养，才能开枝散叶，吐露芳华。

第一节　基于理念，构建资源，强调课程的主导权

一、对课程资源的理解

我国中小学课程长期采用集中统一的国家课程管理模式，全国中小学统一使用由国家某个学科专家编写组统一编写的教材。这导致地方和学校按照本地区的经济社会发展情况、学校的办学理念和特点设计与开发的课程及其课程资源没有得到应有的重视。学校课程资源开发处于缺位的状态，使大量有意义的课程资源未进入课堂教学，使其教育价值和功能没有被认识和利用。教师把课程资源定位于教科书及其配套的同步练习册、强化训练等教辅资料，教师的教学就是按部就班地教教材，进行题海战术，不太重视学生创新能力和实践能力的培养。校内外大量有教育价值的课程资源处于闲置浪费的状态。这一切都与旧的课程管理体制和旧的课程资源观有关，也是课程资源开发研究滞后的表现。[①]

郭允剑整理了课程资源的研究脉络。[②]

美国课程论专家、“现代课程论之父”泰勒(Tyler)1950 年在其代表作《课程与教学的基本原理》中论及各类资源的利用。他针对学校教育的资源开发与利用提出了三条建议：最大限度地开发学校资源；加强校外课程资源的利用；帮助学生与学校之外的环境打交道。[③] 这里就涉及关于课程资源的问题。坦纳夫妇(Daniel Tanner & Laurel N. Tanner)发现了泰勒的理论存在的不足，他们认识到学校资源、校外资源、环境对课程本身来说有其固有的局限，开始从研究课程的来源转到研究课程资源。

---

①　谷陟云：《课程资源与教学方式变革研究》，硕士学位论文，重庆师范大学，2008。

②　郭允剑：《准教师成长过程中对课程资源利用现状探析》，硕士学位论文，喀什师范学院，2012。

③　范兆雄：《课程资源概论》，4 页，北京，中国社会科学出版社，2002。

1985年，泰勒为《简明国际教育百科全书·课程》撰写“课程资源”条目时，从目标、教学活动、教学活动组织、课程评价四个方面来表述课程资源，认为课程资源即寻求目标、选用教学活动、组织教学及在制定评估方案过程中的多种可资利用的资源。[①] 可以看出，国外学者对课程资源的认识也是在不断发展的。

相对于国外很多国家，我国课程资源研究的起步是比较晚的，始于20世纪90年代。随着教育的发展，很多专家的研究从大的教育资源细化为课程资源，从不同的角度认识课程资源，并提出课程资源的开发原则、开发过程及其重要作用。同时，课程资源的研究范围不断扩大，与之联系的主体也在不断拓展，并逐步完善。

顾明远、沈诸成、吴廷熙、王惠青、杨新援等人都曾对教育资源进行分析和界定，他们将教育资源看作教育过程中所占用、使用和消耗的人力、物力和财力的总和。当时的研究只是从宏观的角度进行概述，还没有深入课程这一微观层面，还处于研究的萌芽、起步阶段。

2001年，华东师范大学的吴刚平教授对课程资源的概念进行了界定。他从两个维度对课程资源进行了划分。[②] 按照课程资源的功能特点，我们可以把课程资源分为素材性资源和条件性资源两大类。其中，素材性资源的特点是作用于课程，并能成为课程的素材或来源，如知识、技能、经验、活动方式与方法、情感态度和价值观等方面的因素；条件性资源的特点是作用于课程，却并不是课程本身的直接来源，并不是学生学习和收获的对象，如图书馆、博物馆、实验室、互联网、人力和环境等资源。按照课程资源的空间分布，我们可以把课程资源分为校内课程资源和校外课程资源。课程资源的分类如表6-1所示。

---

① 江山野：《简明国际教育百科全书·课程》，112页，北京，教育科学出版社，1991。

② 吴刚平：《课程资源的分类及其意义(一)》，载《语文建设》，2002(9)。

表 6-1　课程资源的分类[①]

课程资源	素材性资源	外在物化载体：承载课程知识、技能和其他信息的课程标准、教材、参考书、练习册、考试卷等文本以及相应的音像资料等
		内在生命化载体：师生在教学交往中形成的经验、感受、理解、创意、问题、困惑、方式、方法、情感、态度、价值
	条件性资源	设施设备：教学馆室、活动场地、实践基地、教学设备、教学用具等
		作息时间：上课时间、运动时间、自习时间、娱乐休闲时间等

此后又有多位学者继续研究课程资源。徐继存、段兆兵和陈琼在《论课程资源及其开发与利用》中提出："所谓课程资源的分类，就是建立课程资源的次序和系统。具体地讲，就是要把众多的课程资源，按照一定的标准和根据归属到一起，又按照某些不同的特点，把它们区分开来，以便更好地认识和掌握它们。"[②]因此，按照不同的标准，我们可以将课程资源分为不同的类别。

按照课程资源的存在方式，我们可以将其分为显性课程资源和隐性课程资源。显性课程资源是指看得见、摸得着，可以直接运用于教育、教学活动的课程资源。隐性课程资源一般是指以潜在的方式对教育、教学活动施加影响的课程资源。[③]

按照课程资源的空间分布，我们可以将其分为校内课程资源和校外课程资源。校内课程资源包括学校内的图书馆、实验室、运动场等各种场所和设施，校园文化、师生关系、班级组织、学生社团、校风学风等人文资源以及学校内开展的讲座、讨论、座谈、体育比赛等多种活动。校外课程资源十分广泛，如学生家庭环境、家长的文化素养、社区的生

① 吴刚平：《中小学课程资源开发和利用的若干问题探讨》，载《全球教育展望》，2009(3)。

② 徐继存、段兆兵、陈琼：《论课程资源及其开发与利用》，载《学科教育》，2002(2)。

③ 徐继存、段兆兵、陈琼：《论课程资源及其开发与利用》，载《学科教育》，2002(2)。

活环境、公共文化设施、风土人情和丰富的自然资源以及家长、社区相关人士等。校内外的课程资源对于学校课程都是必不可少的，校内课程资源是最基本、最便捷的资源形式，校外课程资源更多地起到辅助、补充的作用。[①]

学者们从不同的角度对课程资源进行分类，更加全面地来审视课程资源。有学者从教师与学生发展的角度，理解课程资源开发的价值取向：首先是有利于学生的发展，其次是有利于促进教师的发展。有学者对课程资源开发的原则进行了研究：课程资源开发大体上有开放性、经济性、针对性、适度性、共享性、实效性和因地制宜性等原则。

《基础教育课程改革纲要(试行)》提出："积极开发并合理利用校内外各种课程资源。学校应充分发挥图书馆、实验室、专用教室及各类教学设施和实践基地的作用；广泛利用校外的图书馆、博物馆、展览馆、科技馆、工厂、农村、部队和科研院所等各种社会资源以及丰富的自然资源；积极利用并开发信息化课程资源。"

课程资源的开发主要有 6 个方面的基本途径，概括起来为：第一，对当前的社会情况要有一个调查分析和研究，不断地分析和判断社会需求向哪个方向发展。这样就可以确定和发现有效参与社会生活和抓住社会所给予的机遇而应掌握的知识、技能和素质。第二，了解学生在日常的生活中以及他们在实现自己学习目标的过程中能够得到帮助的各种课程资源，包括知识与能力、生活经验与教学经验、教与学的方式和方法、情感态度和价值观、世界观等方面的各种课程素材。第三，充分开发和利用课程实施的各种有利因素，也就是条件性课程资源，包括图书馆、实验室和各种活动场馆、专用教室等。这些课程资源也不能被忽略，这是利用好课程资源的前提条件。第四，研究一般学生群体和特定学生群体的具体情况，了解他们已经具备了或还应具备哪些知识、能力

① 陈琼：《课程资源视野中的学习方式变革研究》，硕士学位论文，西北师范大学，2003。

和素质。第五，区分和充分利用校外课程资源，寻找校内课程资源与校外课程资源的联系点，让校外资源进入学校，从而发挥其应有的作用。校外课程资源包括各种各样的自然与社会环境，各种校外机构、各种生产和服务行业的专门性人才等资源。这些资源，不但可以而且有必要加以利用，从而成为学生学习和发展的资源。第六，建立课程资源数据管理系统，整合各种课程资源，拓宽校内外课程资源及其研究成果的分享渠道，提高其使用效率。

建立课程资源库就是课程资源开发主体拓宽思路、广开视野，对存在的具有教育价值、能够为学校教育教学所用的课程资源进行系统的选择、整理，清晰地掌握可利用的课程资源状况。事实上，这个过程是课程资源的开发过程。课程资源库的建立，对于增强课程资源利用的目的性和计划性、科学性，减少盲目性和随意性，具有重要的意义。①

随着我国基础教育课程改革的不断深入，课程资源作为课程设计与实施过程中不可或缺的基本要素，越来越受到重视。有效开发和利用课程资源，对于转变学生的学习方式和教师创造性地实施新课程具有非常重要的意义。

长期以来，小学阶段的课程资源结构比较单一，除了教科书是唯一的课程资源外，课程资源开发的主体、基地、内容和条件方面，未能形成有机整体。从课程资源的空间分布来看，注重校内课程资源的开发和利用，对校外课程资源，包括图书馆、博物馆、展览馆等丰富的社会性课程资源与民间习俗、传统文化和生活体验等地域资源的拓展和利用不够。从课程资源的载体形式来看，课程资源偏重于文本资料，对开发非文字性的资源，如文化景观等多样化的课程资源载体形式重视不够。从课程开发的主体来看，重视学科专家的作用，对学生及家长在课程资源开发中的主体作用重视不够。

① 陈琼：《课程资源视野中的学习方式变革研究》，硕士学位论文，西北师范大学，2003。

我们只有解决课程资源单一的局面，才能充分发挥课程资源的整体优势，才能让学生的学习真正跳脱出课本、课堂、学校的局限，让学生的创新精神和实践能力得到真正的发展，让他们更好地适应当今社会对人才的需求，更好地融入社会生活。

课程是学校学生所应学习的学科总和及其进程与安排。课程资源有广义与狭义之分：广义的课程资源是指有利于实现课程目标的各种因素，狭义的课程资源仅指教学内容的直接来源。20 世纪末，国家对学校及课程的管理过严，那时的课程资源更多的是指进行教学时所使用的资源。随着教育体制改革与课程改革的深化，教育管理更加自信，也更加宽容。课程资源悄悄发生了变化，能够提供教师、教材与教法甚至场地的课程资源越来越多。

在学校教育方式较为单一的时代，社会资源进入学校较为困难。学校开发的校本课程，主要依靠的是自身的科研能力与资源挖掘能力。现在，学校教育方式已经多样化，学校以购买资源的方式引入社会资源。学校对校本课程的管理方式也更加多样化。

二、学校主导课程资源的运用

黑芝麻胡同小学的校本课程资源可以分成四类。第一类课程资源是国职培训基地、帽儿课程基地等。它们的特点是学校只管理学生，从场地资源、教师资源到教材资源全部由对方提供。第二类课程资源是东城区提供的部分学院类课程、陶艺课程等。它们的特点是学校管理学生，提供场地，师资与教材由对方提供。第三类课程资源是“我们的世界”“我们的城市”等课程。虽然这是引入课程，但经过学校的努力与教师的投入，实现了学校教师授课和由对方提供教学材料，使学校拥有更大的自主性。第四类课程资源是完全由学校自主开发和投入的课程。与学科课程一样，学校要自己配备教师、教材和场地。表 6-2 为黑芝麻胡同小学校本课程资源分类。

表 6-2　黑芝麻胡同小学校本课程资源分类

课程资源	具体内容
第一类课程资源	国职培训基地、帽儿课程基地等
第二类课程资源	学院类课程、陶艺课程等
第三类课程资源	“我们的世界”“我们的城市”等课程
第四类课程资源	校史、胡同文化

从表面上看，对于前两类课程，学校的付出较少，只需要做好学生和场地的管理。对于第三类和第四类课程资源，学校投入人力和物力的付出较多。但实际上，对于前两类课程资源，管理者担负着巨大的责任：课程是否传达了正确的价值观，学生是否能够接受并在能力上有提高，这需要学校对教学内容进行严格把控，满足国家对学校教育的要求。对于第四类课程资源，它是按照学校的办学理念，由学校自主开发的，所以在管理上反而较为便利。表 6-3 为学校管理方式与课程资源引入的关系。

表 6-3　学校管理方式与课程资源引入的关系

社会资源	第一类	第二类	第三类	第四类
	教材	教材	教材	教材
	师资	师资	师资	师资
	场地	场地	场地	场地
学校资源	学生	学生	学生	学生

注：阴影部分表示学校在这些方面所提供的支持。

学校课程资源的建设是学校课程体系的重要组成部分，是一所学校的课程发展的重要支撑。它的建设一定是基于时代发展、办学理念和学生需求的。

首先，学校课程资源的建设是基于时代发展的。当今社会的课程意识越来越强。过去，学生走进博物馆、走进剧院，需要家长的帮助才能欣赏。现在很多博物馆都提供了课程，剧院也开发了戏剧课程、音乐课程，帮助学生理解舞台。这是教育市场与场馆市场细分的结果。三元奶业希望为学生开发介绍奶制品、弘扬企业文化的课程。各式各样的课程在校外出现，为学校寻找课程资源提供了方便。

基于时代的发展，我们可以寻找和发展具有时代特色的丰富的课程资源。

其次，学校课程资源的建设是基于办学理念的。所谓课程资源观就是人们对课程资源的态度和看法。就当前我国基础教育的问题而言，课程资源观就是在学习型社会和信息技术迅猛发展的社会背景下，如何确立“什么知识最有价值”的问题，如何促进学生更主动有效地去获得知识、技能和较高的人文素养的问题。简而言之，课程资源观的实质就是我们开发和利用课程资源的价值取向问题。因而，课程资源观直接影响人们认识、开发和利用课程资源的积极性，也影响课程资源利用的程度、质量和效果。正是课程资源观对教师开发和利用课程资源起着导向、维持和监督的作用，因此它成为课程资源开发与利用的首要问题。①

从当前我国课程改革的趋势来看，凡是有助于促进学生主动学习与和谐发展的资源都是应该加以开发和利用的。但究竟哪些资源是具有开发和利用价值的课程资源，我们还必须通过筛选机制过滤才能确定。从课程理论的角度来讲，我们至少要经过三个筛子的过滤筛选才能确定课程资源的开发价值。第一个筛子是教育哲学，即课程资源要有利于实现教育的理想和办学的宗旨，反映社会的发展需要和进步方向。第二个筛子是学习理论，即课程资源要与学生学习的内部条件相一致，符合学生身心发展的特点，满足学生的兴趣爱好和发展需求。第三个筛子是教学理论，即课程资源要与教师教育教学修养的现实水平相适应。所以，开发课程资源，特别是开发素材性课程资源，必须反映教育的理想和目的、社会发展需要、学生发展需求、学习内容的整合逻辑和师生的心理

---

① 谷陟云：《课程资源与教学方式变革研究》，硕士学位论文，重庆师范大学，2008。

逻辑。诚如美国课程论专家泰勒所说："只有通过利用每一种经验可能会产生的多重结果，才有可能使教学更有效。"①

为使课程资源的筛选机制更好地发挥作用，我们必须注意两个重要原则。其一，优先性原则。学生需要学习很多的东西，远非学校教育所能包揽。因而学校必须在可能的课程资源范围内和在充分考虑课程成本的前提下突出重点，并使之优先得到运用。比如，学校教育如果要承担自己的责任，帮助学生学会建设性地参与社会生活的各种本领，那么它就必须对有效地参与社会生活所应具备的知识、技能和素质以及社会为个人施展才能所提供的种种机会进行综合的了解，做出恰当的判断，筛选出重点内容并优先运用于课程。其二，适应性原则。课程的设计和课程资源的开发利用不仅要考虑典型或普通学生的共性情况，而且要考虑特定学生对象的具体特殊情况。如果要为特定教育对象确定恰当的目标，那么我们仅仅考虑他们已经学过的内容还不够，还需要考虑他们现有的知识、技能和素质背景。除了考虑学生群体的情况外，我们还要考虑教师群体的情况。只有这样，课程资源才能得到更加充分合理的开发与利用。②

黑芝麻胡同小学以其悠久的历史及优越的地理位置被陶西平赞为"小芝麻上的微雕精品"。因此依据地缘的优势，结合时代的发展，学校确立了"国际视野，创造精神"的办学理念。在课程资源建设的过程中，提出了"注重前瞻性，兼具实用性；注重区域特色，兼具国际视野"的课程资源观，为课程资源建设提供了更加适切的标准。学校连续5年参与了"北京市中小学课程创新实验——遨游计划"项目的研究与实验，具体负责的项目名称为"面向生活构建学校课程体系实验研究"。学校力求通过"重新整合三级课程，充分挖掘课程资源；倡导学

---

① [美]拉尔夫·泰勒：《课程与教学的基本原理》，施良方译，31页，北京，人民教育出版社，1994。

② 吴刚平：《课程资源的开发与利用》，载《全球教育展望》，2001(8)。

科融合，弥合知识裂缝”，构建学校新的课程体系。我们通过对学生、家长和教师开展问卷调查来了解课程需求，同时我们对现有课程结构进行调研。我们将陶行知的生活教育理念有效地实施到教育教学中，凝聚教师、家长和社会的合力，从学生的需要、时代的需求和国家的发展出发，增加学生体验和实践的机会，促进学生综合素质的提高，初步构建出以培养学生的社会适应性、提高学生的综合素养为目的的课程体系。学校从办学理念与育人目标出发，提出了整体课程目标——以培养学生的核心素养为重点，既要为学生的全面发展奠基，又要为学生个性特长的发展提供条件与空间。基于整体目标，“创造钥匙”“创造阶梯”“创造舞台”三个层次的课程都有对应的情感目标和能力目标。

我们基于“人文与阅读”“数学与逻辑”“艺术与审美”“自然与科学”“品德与健康”五个领域构建了多彩的创造教育课程体系，以最终达成育人目标。

最后，学校课程资源的建设是基于学生需求的。学生是课程建设的出发点和落脚点。什么是学生所需要的课程？供需之间的关系是课程供给的核心。为此，学校做了系列调研，提升课程的育人质量，推进课程建设。不同年龄阶段、家庭环境、认知风格和学习偏好的学生，对课程的需求存在差异。我们开展了学生学习需求诊断，借助大数据反映学校学生的学习特点。学生始终是课程的主体。

借助“遨游计划”，携手教育系统的内外资源，学校初步实现了不同年级、不同水平的学生“跨校、选课、择师”的设想。

课程资源的选择权在学校，不在教师；在学生，不在机构。课程资源的建设权在学校，不在资源单位。虽然资源单位提供的课程越来越丰富，但是学校始终是课程的主人，它不仅有选择权，而且有修改权和开发权。学校应该根据自己的课程体系，进行自主的资源建设。表 6-4 为黑芝麻胡同小学的课程资源类别。

表 6-4　黑芝麻胡同小学的课程资源类别

资源类别	科目	资源方
国家与地方	语文、数学、书法	学校＋国家＋地方
社会课程	媒介素养、口语交际	学校＋课程机构
校本开发	校史、武术	学校＋资源单位

第二节　基于资源，管理教学，强调课程的质量观

一、构建开放多元的课程资源结构

在开发课程资源的过程中，我们坚持开发主体多元、开发视角多维、开发途径开放和开发形式多样的课程开发理念，构建出富有活力的学校课程。经过不断的探索与实践，学校形成了“1＋4＋N＋X”的课程结构，统筹整合各级各类资源。紧紧围绕学校的创造教育课程体系，依托四大基地、多个专业学院及资源单位，学校为学生提供全面的资源保障，大大增强了课程内容的自主性。实现基础教育在于学校，特色发展在于基地和学院，创设教育环境在于资源单位。学校遵循学生的需求及成长规律，并不断更新课程内容，促进学生全面而有个性地发展，进一步提升学生的综合素质。图 6-1 为学校的创造教育课程资源体系。

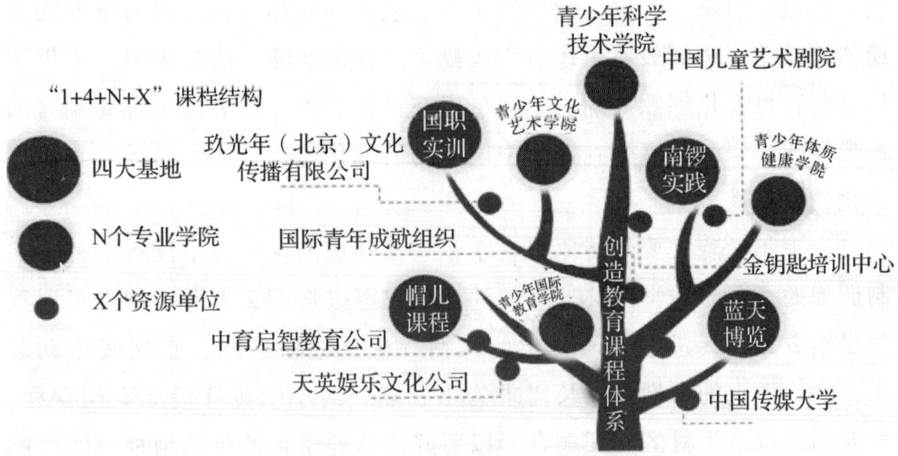

图 6-1　创造教育课程资源体系

一个体系：创造教育课程体系。

四大基地：帽儿课程基地、国职实训基地、南锣实践基地和蓝天博览基地。

N个专业学院：青少年文化艺术学院、青少年科学技术学院、青少年体质健康学院、青少年国际教育学院等。

X个资源单位：国际青年成就组织、天英娱乐文化公司、中国儿童艺术剧院、中国传媒大学、金钥匙培训中心、中育启智教育公司、玖光年(北京)文化传播有限公司等。

帽儿课程基地根据学生的喜好及发展需要，设计了众多丰富多彩、寓教于乐的特色课程，包括创意纸工、布艺、舞蹈、媒介素养、泥塑、围棋、版画、机电入门、种植等。这些课程既与校内课程相结合，又让学生学到了课外的知识，使同年级、同校的学生可以学到不同的课程内容。

国职实训基地开设了计算机网络实训、金融实训、商务实训、服装实训、烹饪实训、园林实训等方面的专业课程。这些课程集现代化、时尚感、综合性和创新性为一体，极大地提高了学生的实际操作能力、专业技能技巧和综合素质，为学生走向社会打下了良好的基础。

南锣鼓巷被认为是老北京文化的典型代表。15位非遗传人包括面塑、泥塑、内画、脸谱、葫芦烙画等技艺大师的加入使它成为重要的非遗体验基地。南锣鼓巷里还有创可贴8、蓬蒿剧场、创意无限、丰年陶坊这些特色文化创意商铺。学生可以在这条历史文化名街上感受到它的古老韵味的同时，感受到传承中国非物质文化遗产技艺和弘扬中华传统文化的重要性。

青少年学院主要是将原来在学校层面开设的优质校本课程纳入学院制课程的平台，让学区甚至全区的学生都可以选课、上课，转变了课程的供给方式，促进了优质资源的均衡，让课程在校际、学区间流动起来。它以学生的个性化成长需求为出发点，给小学生开设225门课程。学院制强调多学科的交叉融合，以更好地培养学生的创新精神与实践能力，这与学校的课程理念和育人目标发生碰撞，为学校带来丰富的课程资源。比如，学校六年级的全体学生到安交学区分院(东城区国际职业学校鼓楼校区)参加并体验职业启蒙教育，发展了领导力和创新能力；自然与科学类课程“神奇的DNA”打开了学生的眼界，使学生将学习成果编排成科学探案童话剧，并获得了市级大奖；风趣幽默的外教在“澳大利亚文化”课程中与学生亲切互动，使“小芝麻”的国际视野更加宽广；“我们的城市”课程让学生爱上城市生活，自觉自主地做城市的小主人；“Greenpower China创新教育”项目以“绿色能源电动车”项目为依托，以学生团队为单位，通过设计、组装和比赛三个环节，充分发挥学生的自主创新与实践研究能力，制造出性能优良且独具个性的电动车。学生在参与的同时学到了更多的东西，如软件、3D打印等。

国际青年成就组织携手全球合作伙伴惠普共同开发了“社会创新挑战赛”项目，鼓励学生独立思考并探索社会创新。学生可以通过网络互动学习程序，站在社会创新者的角度上思考问题，锻炼和提高各种技能。

在课程构建的过程中，学校整合教育领域内外资源，提升基础教育的品质。首先，它极大地鼓励学生依照自己的兴趣、需求开展实践探索活动。鼓励学生发展自己的兴趣也是生活教育的重要内容。学生缺乏学习兴趣并不是说学生没有任何兴趣，通常情况下，只是他们被安排了太多的作业和任务，而且大多是他们缺少兴趣的方面。当学生在参与基地和学院学习的过程中，能够按照自己的兴趣来选择内容，这样很大程度上提高了学习的主动性。其次，学生在参与“1＋4＋N＋X”课程学习的过程中明确了学习目的，也让教师和家长明确了教育目的。学习不是受罪，它是为了充满希望的明天。有了这样一种思想，学生才能发挥学习的自主性。人人都爱学习。我们不用过高的目标要求学生，使其丧失学习兴趣。我国有位教育改革家认为，教育的目的是教学育人，是培养人的质量规格；教育不应让学生感到学习是一件吃力困难的任务，从而缺乏学习的积极性、自主性。最后，在课程学习的过程中学生对自己的学问能力有了切实的了解。这样学生才能发现自己知识中的不足之处，并加以改正。书本上的知识只是一个系统的概括与经验的总结，而真正的运用还要由学生自己完成。也并不是说学生掌握了书本上的知识就能对在这基础上有所变形的问题都能解决。在“1＋4＋N＋X”课程学习的过程中，我们力求引导学生将所学内容与自己的生活相联系，引导学生留心生活，关注生活的各个方面。

二、课程资源的运用要始终关注质量

教育是党之大计、国之大计。学校担负着时代与党赋予我们的责任，必须予以承担。这份承担，体现在对课程资源的管理上。质量始终是课程资源运用和发展的关键因素。

根据学校的办学理念和育人目标，我们将学生学习的课程分为以基础学科教学为主的钥匙课程、以学生的个性化需求为主的阶梯课程和以学生的综合素养提升为主的舞台课程，形成了比较稳定的校本课程体系。根据学校的质量要求，我们与开发课程的资源单位和教师达成共识：特色是课程引入与开发的条件，质量是课程良性发展的保障。课程的开展必须要有学校的质量要求与管理。

10年前，为了引入媒介素养教育与经贸知识课程，我们在课程研发中不仅对教学内容进行严格的审核，而且为每节课配备进班教师，要求对每节课进行录像，严格把控。也正是这种谨慎，让我们的相关课程，从引入走向自主，产生了良好的社会声誉。现在，在各级领导的支持与建设下，我们的引入课程在更开放的同时，有了更加严格的管理程序，给了学校信心与勇气。但也不是说学校就可以完全放权。

国职实训基地的财经课程、3D打印课程等课程都很好地满足了学生个性发展的需求。对于国职实训基地的相关课程，校长不仅亲自带领干部实地考察，与课程教师、基地领导对话交流，而且组织教师前往体验，选择授课年级。在课程实施的过程中，授课教师要提供课程纲要，学校的跟班教师与授课教师一起管理学生，收集学生的成果。在学期结束后，授课教师要对课程有展示、有评价，保证课程的质量，也保证课程资源的良性发展。

保证课程的质量，不只是对资源单位的要求，更是对每一位参与课程开发的教师的要求。基于资源的教学理念，也可以助力提升教学质量。

传统教学质量管理，强调教师的授课技巧与课堂管理能力，注重课堂教学效率。在学校的课程资源建设中，我们发现课程资源的管理能力是提高课堂教学效率的关键。例如，课堂观察表明，学生没能理解"三角形"这个知识点的原因可能是多方面的。三角形这个知识点，与直线、线段、点、角等知识点是相关的。作为教学对象的学生，对这些知识点的掌握情况如何？此前的教材中，这些相关知识点的联系情况如何？显然，对这些教学资源的认识越深刻，教师的课堂教学效率就会越高。

例如，我们经常说要在教学中贯彻价值观教育。那么，数学教学中如何贯彻？为了让教师了解数学教学中的价值观资源，我们对一至六年级的现行数学教材进行了梳理。通过梳理，我们发现和明确了教材中价值观呈现的方式方法，理解了教材在这方面的思考与提示。课堂上的价值观教育不再生硬，而是自然地融入数学教学。又如，学校在推进学生的阅读教育时，到底要让学生学到什么？发展什么样的阅读能力？我们根据教材和相关材料，对此进行全新的梳理，整理出《语文阅读标准及阅读策略》，让学科教师重新认识阅读，提高他们相应的教学技巧，丰富语文教学策略。语文阅读标准如下。表 6-5 为一年级上册的阅读策略。

第一学段(1～2 年级)的阅读目标

1. 喜欢阅读，感受阅读的乐趣。养成爱护图书的习惯。

2. 学习用普通话正确、流利、有感情地朗读课文。学习默读。

3. 结合上下文和生活实际了解课文中词句的意思，在阅读中积累词语。借助读物中的图画阅读。

4. 阅读浅近的童话、寓言、故事，向往美好的情境，关心自然和生命，对感兴趣的人物和事件有自己的感受与想法，并乐于与人交流。

5. 诵读儿歌、儿童诗和浅近的古诗，展开想象，获得初步的情感体验，感受语言的优美。

6. 认识课文中出现的常用标点符号。在阅读中体会句号、问号、感叹号所表达的不同语气。

7. 积累自己喜欢的成语和格言警句。背诵优秀诗文50篇(段)。课外阅读总量不少于5万字。

第二学段(3～4年级)的阅读目标

1. 用普通话正确、流利、有感情地朗读课文。

2. 初步学会默读，做到不出声，不指读。学习略读，粗知文章大意。

3. 能联系上下文理解词句的意思，体会课文中关键词句表达情意的作用。能借助字典、词典和生活积累理解生词的意义。

4. 能初步把握文章的主要内容，体会文章表达的思想感情。能对课文中不理解的地方提出疑问。

5. 能复述叙事性作品的大意，初步感受作品中生动的形象和优美的语言，关心作品中人物的命运和喜怒哀乐，与他人交流自己的阅读感受。

6. 诵读优秀诗文，注意在诵读过程中体验情感，展开想象，领悟诗文大意。

7. 在理解语句的过程中，体会句号与逗号的不同用法，了解冒号、引号的一般用法。

8. 积累课文中的优美词语、精彩句段，以及在课外阅读和生活中获得的语言材料。背诵优秀诗文50篇(段)。

9. 养成读书看报的习惯，收藏图书资料，乐于与同学交流。课外阅读总量不少于40万字。

第三学段(5～6年级)的阅读目标

1. 能用普通话正确、流利、有感情地朗读课文。

2. 默读要有一定的速度，默读一般读物时每分钟不少于300字。学习浏览，扩大知识面，根据需要收集信息。

3. 能借助词典理解词语的意义。联系上下文和自己的积累，推想课文中有关词句的意思，辨别词语的感情色彩，体会其表达效果。

表6-5　一年级上册的阅读策略

单元主题	阅读目标	阅读技能训练点	策略
第一单元	朗读课文	3.2 指着字词一个一个地读	用手指指着字词一个一个地读，指到哪个字就读出这个字；如果你发现自己读的字词比书上的多或少，那么回到这一页的开头重新读
第二单元	在成人的帮助下能正确朗读	4.9 阅读搭档有助于流利地朗读	一起朗读时，将一本书放在两人的中间，看书上的文字，听自己的声音，同时听搭档的声音；试着用同样的语速朗读，在同样的地方停顿，并使用同样的语调
第三单元	会读词语和儿歌	4.2 读出这个词就像早就认识它一样	如果要停下来推断某个词的意思，你可以返回句子的开头重读一遍，这时立即像已经认识这个词一样读；推断这个词以后，把完整的句子读一遍，有助于把握词的含义
第四单元	借助图画，自主阅读不全文注音的课文	5.1 把图画作为参考	指着书上某一页，看看上面的图画，说说发生了什么；指着下一页说说发生了什么；用这种方式读完整本书

第三节　基于教学，创新课程，强调课程的特色群

一、从理念出发，依据地域资源构建特色课程

《基础教育课程改革纲要(试行)》指出："学校在执行国家课程和地方课程的同时，应视当地社会、经济发展的具体情况，结合本校的传统

和优势、学生的兴趣和需要，开发或选用适合本校的课程。”

针对现有的国家课程，学校结合自身的现状及特点，努力做到将国家课程与学校、教师、学生的具体情况紧密结合，做到国家课程校本化实施，开展了各种形式的创新尝试，开展了教学组织形式的多样化研究。同时，我们更鼓励教师开展自主研发，将国家课程拓展、延伸与融合，进行校本化实施。

教师始终是校本课程开发的主体，他们在学科教学的过程中，因应学生的需要，进行课堂扩展，开发校本课程。

早期的“玩自己创编的体育游戏”课程，就是体育教师为了解决学校操场小和学生活动不足的问题，在学生中开展自编游戏的尝试。教师指导下的自编游戏，激发了学生进行体育锻炼的兴趣，解决了操场面积小的难题，指导学生进行了健康向上的游戏活动。后来，“唱自己编的歌”“美术与京剧”“手工创意”“跟我们学发音”“课本中的成语”“数学思维”等新的校本课程，不断在教师的智慧与行动中产生。

通过对学校的历史传统和区域资源优势的调研，学校将中华优秀传统文化教育作为课程的突破口，努力构建中华优秀传统文化的特色课程群。表 6-6 为学校的区域文化资源。

表 6-6　学校的区域文化资源

资源分类		资源内容举例
物质资源	场馆资源	校史馆、茅盾故居、齐白石故居、东城区非遗博物馆、北京时间博物馆、玉河遗址博物馆、北京钟鼓楼博物馆、故宫博物院、孔庙和国子监博物馆、北大红楼等
	景观资源	玉河遗址公园、北京中轴线、万宁桥及息水兽、胡同肌理与建筑、黄城根遗址公园、景山公园等
文化资源	人物资源	金受申(本校校长、国学大师、中医大师、民俗学者)，胡同人物等
	非遗资源	四合院技艺、舞龙舞狮、面塑、剪纸、内画等

今天的学校有着一校六址，历史悠久，人文底蕴厚重。学校的发展是一部百年教育历史的缩写，其命运与国家命运相联系，见证着国家制度与教育制度的沧海桑田，虽有盛有衰，却一直薪火相传，文脉不断。校史积淀着学校的人文精神，承载着学校的教育情怀，映照着学校的核心价值观。校史建设成为学校文化建设的重要组成部分，是学校文化核心内涵的延展和丰富，是面向未来寻求发展的根基与特色标签。我们深挖学校的历史故事与历史传统，借助历史资源，构建校史文化课程。我们通过课程让学生爱学校、爱社区、爱中国。

2013 年，学校建成了校史馆，并让专人挖掘整理史料，丰富馆藏，记录学校的发展历程。校史也是历史，我们本着求真求实、去伪存真的原则，关注细节，力求让人物活起来。于是在开发课程的过程中，我们先阅读各个时期整理的学校资料，寻访校友，努力还原校友在学校的学习生活，希望能因此了解到某一时期学校的办学理念、教师的群体影像和学生的集体意识，从而认识到学校到底给了他们什么。进而，我们通过参考校友所撰写的文字等翔实资料，努力做到论从史出、史论结合。在教材编写的过程中，我们采集了具体的资料和故事，增加了可读性；挑选了与内容相关的照片，增加了阅读的趣味性；甄选了博物馆中的原始文档等资料，增加教材的纵深度；设置了实践环节，让学生在学习的过程中有所思考。表 6-7 为学校的校史课程内容。

表 6-7　学校的校史课程内容

主题		内容
第一讲	问卷调查	了解学生的情况，宣讲课程内容和目标
第二讲	建校传奇	学生调研 1644 年中国的情况和建校目的
第三讲	参观校史馆	观看展品，编写解说词
第四讲	校史与家史	了解家庭的变迁，感受社会的变革
第五讲	访谈故事	学生采用校史的研究方法，访谈家人，了解他们的小学故事
第六讲	了解行知	观看影片《陶行知》

续表

主题		内容
第七讲	学陶研陶	学生讲解陶行知的名言
第八讲	创造宣言	学生讲授陶行知版和学校版的宣言的内容
第九讲	北京传说	了解金受申和北京的传说，自己讲故事

经过几年的努力，学校开发和编写了《时光沉淀的馨香——学校文化历史读本》。校史是学校的宝贵财富。金受申、宁建芳这些人为学校的发展做出的感人事件，更能打动现在在校求学的学生，更加激发他们的学习兴趣。无数真实的个案彰显着学校的传统，有利于学校精神的传承和发展。这些历史的印记、厚重的文化底蕴和与时俱进的校园文化，将激励着我们每一个黑小人，不忘使命，不负厚望，再添亮色。

我们又编写了反映学校礼仪建设与历史文化的《小芝麻歌》，在全校各个年级开展校史文化教育，让人人诵读，人人骄傲，人人自信。在知行合一中，校史的光耀滋养师生，让学生知礼节、明大义、敢担当、爱创造。表 6-8 为学校课程的组织形式。

表 6-8　学校课程的组织形式

课程的组织形式	具体说明	相关课例
项目学习	以蓝天活动与综合实践活动的方式进行的主题学习	蓝天活动：行知文化园行 综合实践活动：校园讲解员
体验学习	引入相关课程，注重课堂体验	故宫文化/戏剧社团
场馆学习	走进相关场馆进行学习	国家博物馆课程学习
融入学习	将资源与学科教学结合，融入学科课堂	数学："数说故宫" 美术："团花制作"
媒介学习	引导学生阅读和收看相关节目与书籍	阅读 微电影拍摄及展示

随着课程的深入开展，学校逐渐形成了"校史文化"课程群与"紫禁城是我的邻居"课程群，共同构建出中华优秀传统文化的课程特色群，

如图 6-1、图 6-2 所示。

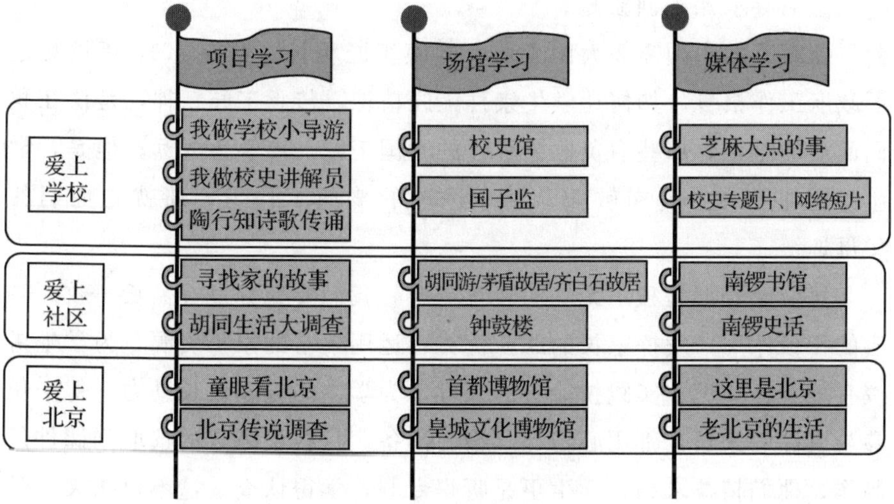

图 6-1　“校史文化”课程结构图

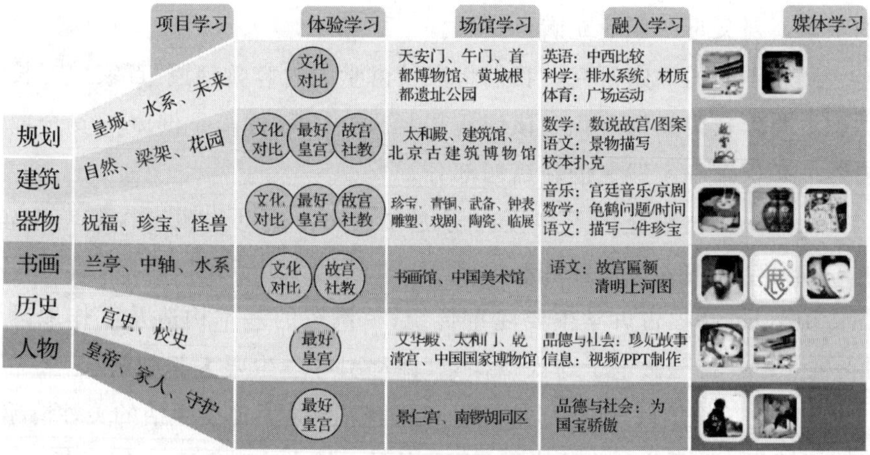

图 6-2　“紫禁城是我的邻居”课程结构图

二、从实践出发，依据时代精神构建特色课程

学校的办学理念是“国际视野，创造精神”。学校除了向地域资源和

基于学生的生活环境寻求课程创新外，还会以国际的视野和基于学生的时代生活寻求课程创新。

新时代的中国需要大国工匠，呼唤工匠精神。这在2016年被写进了政府工作报告。如何让学生崇拜工匠精神，传承工匠精神，是摆在我们面前的难题。那些肩负国之重任的大国工匠，离学生太远；但是，学生身边却不缺少爱岗敬业、锐意进取的普通工作者，那就是他们的父母。

每位家长都是独一无二的教育资源。我们要充分发挥家长—教师协会的积极作用，发挥家长的职业优势，运用丰富的家长资源，为学生讲授有关百科知识、实践技能等的课程，为学生的健康成长助力。每一位参与讲课的家长，都用心备课，精心准备。从教学内容的选取到课件的制作，他们精益求精：学生更是听得专心，学得认真。这不仅拓展了学生的视野，传授给学生生活的经验，唤醒了学生对知识的渴望和兴趣，而且提升了学生的科学素质和人文内涵。他们能够从内心理解父母工作的艰辛，对父母的职业充满自豪感。

随着不断的探索研究，我们将家长讲堂的内容整理成“百家‘芝’长”课程，将家长讲堂课程化。该课程包括人文·科技篇、健康·安全篇、自然·环保篇和实践·创新篇四部分。

人文·科技篇让传承穿梭在历史和空间，让思绪飘飞在苍茫宇宙间，提升学生的人文内涵和科学素养。“智化寺京音乐”“古玩杂谈”“中国传统节日”课程告诉学生要注重传统；“汽车的基本构造及工作原理”“飞机并不神秘”“微电子与太空探索”课程引导学生要大胆创新。

健康·安全篇教学生学会品味生活的优雅艺术，享受生活的美妙情趣；用劳动成果去享受生活中的快乐，用坦然的心情去面对生活中的酸甜苦辣。

自然·环保篇的“关爱地球家园”“生命演化”“最重要的9个故事”“蓝天从我们做起”“废弃物与生命”等课程告诉学生大自然创造了一幅幅永存在我们心中的完美画面，让我们感受到了它的极致魅力，认识到大自然也需要我们真诚的关爱和呵护。

实践·创新篇告诉学生要有一种直面人生的智慧和勇气，学习解决同学间的冲突的策略、寻找失去的勇气；在家长讲堂带着学生一路前行，去探索友谊之花，体验勇气之心，感受爱心之乐。

家长还将更多的学习资源带进学校，让学校教育的视野更宽广。“消防安全进校园——与武警叔叔零距离”“古动物馆老师进校园——讲解生命演化的故事”“蓝天从我们做起——说说雾霾天”等活动课程，都是由家长引入资源设计和学校教师辅助实施的。这些丰富多彩的活动受到了学生的喜欢。

我们基于时代的需求，请家长走进学校，开设家长课堂。在每一位家长和教师努力的基础上，学校构建家长课程，编写《百家“芝”长》。

通过教学管理，学校引导教师开发传统文化主题课程，指导学生开展传统文化主题活动；引导家校合作与课程探索，培养教师的课程开发意识，让教师从日常活动的素材中发现和创新。表 6-9 为“‘馨香校园’讲解活动设计交流”的教学设计。

表 6-9　“‘馨香校园’讲解活动设计交流”的教学设计

<table>
<tr><td>课题</td><td colspan="3">“馨香校园”讲解活动设计交流</td></tr>
<tr><td>学段</td><td>小学高年级</td><td>年级</td><td>六年级</td></tr>
<tr><td>相关领域</td><td colspan="3">文化探究类项目设计</td></tr>
<tr><td>选题来源</td><td colspan="3">《时光沉淀的馨香——学校文化历史读本》</td></tr>
<tr><td colspan="4">教学设计</td></tr>
<tr><td colspan="4">1. 教材分析
《时光沉淀的馨香——学校文化历史读本》，全面讲述学校的历史与文化发展，贯彻综合实践活动的理念，希望通过探究活动实现学生“爱学校、爱北京、爱生活”的课程目标。本课就是在教材的基础上开发的综合实践活动课程。
2. 活动资源分析
前圆恩寺校区是学校教育历史最为古老的校区，在北京教育史上也有着重要的意义。在近 400 年的历史中，校舍的基本布局没有改变，而且校舍一直书声琅琅，学脉绵延。近年来，学校挖掘整理出大量的校区历史和文化成果。</td></tr>
</table>

续表

3. 学情分析 为详细了解学生的情况，针对课程实施，我们做了前测问卷调查。 六年级的学生在学校生活近六年，对社区和学校有着情感的积累。大部分学生了解学校悠久的历史，也愿意向来宾宣传学校。 近半数的学生没有接触过导游和讲解活动，认为讲解并不是专业职业，但需要很多的知识储备。此外，他们在语文和品德与社会课上也没有接触过导游和讲解活动，普遍认为讲解不需要太多的专业知识。学生拥有基本的信息收集、筛选能力，可以完成相关的设计活动。				
教学目标、教学难点和教学重点				
1. 教学目标 ①在前期研究中，学生观察、搜集、提炼校园历史文化信息，形成彰显校园特色的研究成果，形成关爱与感恩学校的情感，行使自己的责任，参与“小芝麻”宣传展示学校的行动。 ②通过“馨香校园”讲解活动设计的研讨交流，学生体验从明确设计要素、明确设计模板、开展内容筛选、完成讲解词和实践修改的设计过程。 ③在讲解活动的设计过程中，学生经过制订方案、选择地点、筛选内容、编写讲解词的几次讨论，由易到难，提升思维与交流的技巧，培养合作与尊重的意识。 ④在讲解设计从多到少、从少到精的过程中，学生学会根据目标筛选提炼信息的原则，培养勇于实践、不断创新的精神。 2. 教学难点 在设计的过程中，学生能够根据设计的目标进行决策，对自己的成果做取舍。 3. 教学重点 学生通过集体讨论、分组讨论、组间讨论、集体交流等多次的设计过程，在约束条件下从易到难进行取舍与提炼，掌握决策的技巧。				
教学过程				
教学阶段	教师活动	学生活动	技术应用	时间安排
回顾成果、确定目标	通过视频与图片，简要回顾“学校历史文化探究”活动的过程，明确本课的任务，激励学生创新。	收看活动回顾，唤起活动记忆，激发继续设计讲解活动的动力。	平板电脑	5分钟

续表

<table>
<tr><th>教学阶段</th><th>教师活动</th><th>学生活动</th><th>技术应用</th><th>时间安排</th></tr>
<tr><td>回顾成果、确定目标</td><td>师：我们先来看一个短片，它只有40秒，其信息量却非常大。所以大家要仔细看！
（半分钟校史片）
师：伴随着威武雄壮的音乐声，你看到了什么？
生：学校的历史。
师：今天的学校有一校六址，你们注意到了吗？近400年的历史中，200多年的故事主要发生在哪个校区？
生：东校（前圆恩寺校区）。
师：在学校历史文化的探究活动中，同学们重新回到了低年级曾经生活过的这个校区，开展研究。（教师展示图片，学生说明。）经过研究讨论，我们确定了研究主题，并相应地成立了历史组、建筑组、彩画组开展研究。
为此，我们翻阅图书资料，参观建筑博物馆，走访了相关人士，取得了丰富的成果。
在结题汇报课上，各组都做了精彩的汇报。令你印象深刻的汇报内容有哪些？
老师也觉得我们的研究成果汇报非常精彩，但是今天来听课的老师们会知道吗？
生：不知道。
师：（请现场听课老师中了解学校的人举手，印证学生的猜测。）我们要做些什么让他们知道这些呢？
生：给他们讲解（导游）。
师：这个主意挺好，但在哪儿讲解呢？
生：前圆恩寺校区。
师：这里有着悠久的历史和典雅的房舍。我们请在座的老师走进校区，通过我们的讲解，体味时光沉淀的这份馨香。各位小芝麻们，你们愿意做这件事吗？
生：愿意！
师：今天这节课，我们就现场交流和讨论，完成“馨香校园”讲解活动的设计，好吗？</td><td></td><td></td><td></td></tr>
</table>

续表

明确要素、讨论方案	引导学生回忆生活中的讲解活动，总结讲解活动设计的要素，完成活动设计模板。	根据经验，提出讲解活动设计的相关事项。在讨论中明确相关事项与讲解活动的关系。		7分钟
	师：你们在哪里见过讲解服务？ 生：（回忆讲解的经历。） 师：回忆我们在博物馆里接受讲解的经历，你认为一次好的讲解活动需要考虑哪些事情？ 生：时间、人数、地点、讲解词等。 （教师启发学生。学生回答时，教师在黑板上设计相应的表格。） 师：（面向黑板，绘制表格。）老师对这些要素施个魔法，变成了什么？ 生：是一个表格。如果我们给这个表加一个标题的话，就是“馨香校园”讲解活动设计交流方案。 师：为了让表格完美，我们再添个“备注”，可以写这些基本事项之外的说明。			
	布置设计任务，明确设计的外部条件（时间、地点、人数）。	明确按照设计模板进行设计，并了解本次设计的外部条件：时间、地点、人数等。		10分钟
	师：我们上午的参观时间为1小时，大约在东校停留10～15分钟；我们在现场估计人数。			
	初步进行讲解地点的设计，明确地点选择的决定因素。（讨论2分钟）	组内讨论，能够根据目的选定讲解的地点；分组汇报、全班讨论，确定地点。		15分钟

续表

<table>
<tr><td rowspan="2">明确要素、讨论方案</td><td colspan="3">师：在地点的选择上，我们有两种方案。第一种方案是由一位讲解员，从前门接待，选择地点讲解，引导客人出后门前往校史馆。第二种方案是按照我们的研究内容分组，使用3个讲解员，分别讲学校特色，然后引导客人出后门前往校史馆。目前，大家认为哪种方案更容易做？
生：第二种方案。
师：我们就利用该方案选择我们的地点。你们认为选择地点时要考虑什么因素？
生：时间、人数等。
师：(指表格)就是表格中的其他要素。为方便大家选择，我把大家平时关注的学校的9个地点拍照了，将照片放在Keynote中，让大家使用选择删除的方法来选择。同时，为了方便大家记忆，我还提供了一张记录单，由各组记录员来填写。
给大家2分钟的时间，讨论开始。(辅导提示，各组选择1～2个地点。)
讨论结束，下面进行集体交流。
师：我们听听各组的想法。(分别请有争议的组和无争议的组汇报。)
预设：
1. 选择的数量是多还是少？应该精选，越少越好，节约时间。
2. 选择地点的注意事项：不影响学生学习，场地开阔安全。
3. 给不给自由活动的区域？如照相、进班等。
4. 两组选择同一地点，要么分开，要么合作。
师：根据大家选择的地点，我们实际上已经有了讲解的顺序，请把顺序标在你们的记录单上。(梳理顺序。)</td><td></td></tr>
<tr><td>初步筛选讲解内容，明确内容选择的决定因素；引导学生对内容的取舍进行辨论。(3分钟)</td><td>组内讨论，根据地点筛选讲解内容；交流筛选的心得；进行内容的排序。</td><td></td><td>25分钟</td></tr>
</table>

续表

<table>
<tr><td>明确要素、讨论方案</td><td colspan="3">师：确定地点后，我们需要研究讲解词。其实我们不用写了，可以将我们的成果汇报给客人，可以吗？
生：不可以。(因为对象不同。)
师：可是我们现在只有成果汇报，怎么办？
生：可以在成果汇报的基础上，进行修改和增删。
师：(PPT)实际上，编写讲解词，可以分成几个步骤：先确定内容，然后确定顺序，编写讲解词。
师：(板书)那我们就先来增删改。显然这个增删改和选择的地点有关。
师：请大家在 PPT 上进行操作，记录员要记下来。讨论时间为 3 分钟，讨论开始。
师：(讨论暂停。)我们看到大家都删除了很多张幻灯片。(让学生报各组删除的张数，询问删除最多的小组。)你们辛辛苦苦做的，为什么要删除？
生：考虑了地点、人数等因素。
师：有想增加幻灯片的吗？为什么？
师：我们还想问问，各组成果汇报中保留了最令人感动的部分吗？为什么？怎样才能留下？(在师生对话中探讨。)
我们发现，影响讲解内容的因素，还体现在这个表格中。这个表格真的非常重要。</td><td></td></tr>
<tr><td rowspan="2">初次实践、反思建构</td><td>鼓励学生在选定内容的基础上，开始编写讲解词。(5 分钟)</td><td>组间交流。一位学生试讲解，其他学生倾听欣赏，提出修改意见。</td><td></td><td>33 分钟</td></tr>
<tr><td colspan="3">下面我们就要开始编写讲解词了。因为时间的关系，我们就不在课堂上呈现文字成果了。你们先尝试排好幻灯片的次序，然后各组组长向组员汇报一遍，组员提出修改意见。这次给各组 5 分钟的时间。
师：(5 分钟后)我们再次暂停，再给大家一次机会。这次我们向其他组征求意见。操作员和组长到其他组(安排)，讲给其他组听，听取他们的意见。这次接近实战了，你们只有 3 分钟的时间，请抓紧时间。
师：我们在课堂上给最勇敢的组提供一次模拟讲解的机会。
(为学生配备讲解装备，讲解后请同学提意见。)</td><td></td></tr>
</table>

续表

初次实践、反思建构	回顾课程，提出设计的一般流程。	倾听教师的总结，理解设计的流程。		38 分钟
	师：谢谢同学们的意见。在今天的这节课，我们其实经历了一次设计的过程。不仅仅是讲解活动设计，其他设计也要这样：首先要明确设计的要素，在此基础上形成一个方案。然后展开设计讨论，制订方案，反复实践修改。 当然由于时间的关系，我们并没有完成。在课下，各组要完成自己的设计，推选各自的讲解员，下节课我们将在前圆恩寺校区进行演练。大家有信心呈现一场精彩的讲解吗？老师也非常期待。 （请学生向各位老师发出邀请。）			
激励创新、后续安排	激励学生课后继续创造，布置下节课的实践检验的任务。	明确后续任务，课后进行设计。		40 分钟

板书设计

“馨香校园”讲解活动设计交流方案

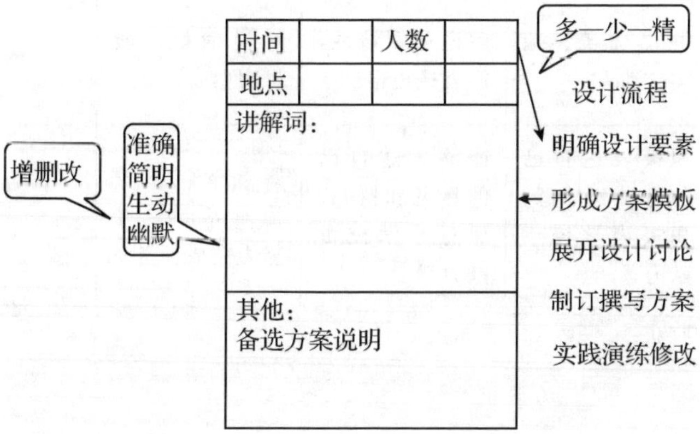

续表

活动效果评价设计					
1. 在交流过程中进行自评和互评。 2. 采用评价表格，进行课后评价。					
“‘馨香校园’讲解活动设计交流”活动的学生评价量表					
活动过程	评价细目			评价方式	
	水平一	水平二	水平三	自评	互评
走进校园	观察认真，全面了解学校的特色，并详细记录	有观察兴趣，大致了解学校的特色，进行记录	能够参与，对重要的特色有了解，能简单记录		
开展研究	积极参与制订计划，很好地完成自己的工作，互相帮助，积极提出自己的意见和建议，共同完成研究成果	能参与制订计划，能完成自己的工作，能帮助别人，参与完成研究成果	能按照计划完成自己的工作，参与完成研究成果		
展示说明	解说优美、翔实、动人	解说通顺清楚，能表达出情感	解说通顺，能讲明白		
拓展延伸	积极表达自己的意见和情感，积极为学校贡献力量	能够表达自己的意见和情感，愿意为学校贡献力量	愿意参与学校传承活动，并努力完成任务		
我们的活动收获：					

第七章

让每颗珠翠散发光芒——课程的特色样例

学校的课程改革，得到了许多专家、朋友的帮助。2018 年 7 月，北京教育科学研究院课程中心朱传世主任又一次来到学校，总结了学校的课程建设成果。

他说："一提起黑芝麻胡同小学，我们总会想到你们的那些特色鲜明的课程，如过去的媒介素养课和现在的'我们的城市''校史文化'课程。"

特色课程，是一所学校的课程名片，是一所学校师生的骄傲，是镶在校名上的珠翠。我们用汗水打造的特色课程，彰显了我们的特色文化。让嵌在校名上的每一颗珠翠都散发耀眼的光芒，成为学校教育的标志。

第一节 以特色课程成就学校的发展

一、对特色课程的理解

特色课程，是指学校根据素质教育的要求，为本校学生开发的区别于传统课程的教学内容及为了实施这个教学内容而制订的教学计划。它具有前瞻性、实用性和鲜明的时代特征。特色课程的开发是学校办学自主权的充分体现，也是教师教学自主的体现。特色课程的形成是学校办学特色的体现。提到某所学校，我们首先想到的是该校的课程，也就是这所学校的特色课程。

教育家顾明远曾指出，要使学校办出特色，就要改变过去统得过死的管理体制，让学校有点办学的自主权。例如，在课程改革中，除了全国统一要求的课程外，是不是可以允许学校自行设置它们认为有必要开设的课程，或者有特色的课程？又如，教材要改革，就应打破一套教材一统天下的局面，允许学校选用自己认为好的教材，也可以自编教材。只有这样，学校才可以结合本地和学校的实际，发挥学校的优势和特长，真正把学校办出特色。

特色课程与校本课程应该是两个相互联系但又不完全相同的概念：特色课程不一定是校本课程，可能是在教学方法、教学理念上对一般普通课程的深加工，而真正体现充分利用学校内部资源促进学生个性潜能发挥的校本课程一定是特色课程。

特色课程的内核是课程，课程的外显特征是特色。特色课程是学校以国家课程标准为基础，在学校教育理念和育人目标的指导下，充分利用学校课程资源而开发、设计和实施的，能集中体现学校办学特色和课程优势的主导性校本课程。

特色课程应该能够体现学校课程的顶层设计与文化特色；应该既有传承，又有创新和可持续发展。每一门课程都要成为精品，我们试举几门“品牌”课程，从微观的角度来看学校的课程发展。

二、学校的特色课程展示

在办学理念的指引下，学校先后开发了许多校本课程：媒介素养课程、“我们的世界”经贸知识课程、“我们的城市”公民课程、“校史课程”等。学校努力将这些课程打造成特色课程，在上级领导的支持下，近年来先后举办 8 次市区级课程展示活动，取得了良好的社会声誉。

这些特色课程与时俱进，不断在学校变化与演进：有的融入学科，有的仍然以独立课程的形式开设，有的并入新的课程开始新的探索，如图 7-1 所示。

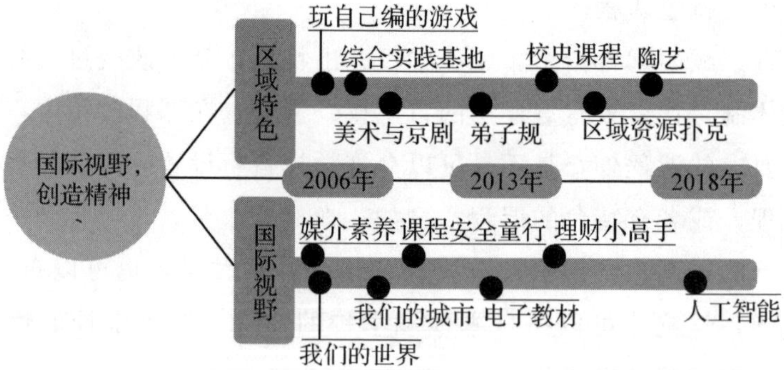

图 7-1　特色课程结构

(一)“北京市基础教育数字化课程资源开发机制与实验研究项目”阶段研讨会

2014 年 6 月，学校成功召开了“北京市基础教育数字化课程资源开发机制与实验研究项目”阶段研讨会。项目指导专家，北京教育科学研究院领导，东城区教育委员会相关领导，市、区学科教研员，硬、软件公司领导及研发人员，实验校领导及教师，研究团队成员现场进行了 4 节实验课的展示，包括一年级的数学活动课“七巧板”、六年级的媒介素养课“动漫我们能行”、四年级的数学课“三角形的认识”、五年级的美术课“北京的牌楼”。课后由项目负责人介绍项目进展情况及实验团队的经验。到会专家进行了精彩点评。

(二)北京市“国际优质课程开发研究与实验推进项目”阶段研讨会

2015 年 4 月，学校召开了北京市“国际优质课程开发研究与实验推进项目”阶段研讨会。北京教育科学研究院基础教育课程教材发展研究中心杨德军主任和东城区教育委员会对外交流科、教育研究中心等相关单位的领导和项目指导专家，以及北京市各区县实验校的领导、教师参加了这次研讨会。学校进行了“我们的城市”课程实验课展示。在吴健校长的带领下，学校实验团队介绍了经验。杨德军主任对学校在课程实验中取得的成果给予了充分肯定，并希望学校能够继续将创新作为课程的目标，让课程更加贴近学生的生活，全面提高学生的综合素养。

(三)北京市地方教材“《弟子规》新解”课程展示现场会

2015 年 12 月，北京市地方教材“《弟子规》新解”课程展示现场会在学校举行。课程指导专家北京教育科学研究院研究员、北京师范大学教育学博士韩淑萍，东城区教育委员会小学教育科、教师研修中心和东城区实验校以及全国各地实验校的代表 70 多人参会。

此次会议的主题是“明理 导行 礼善 传承”。学校的张雯雯老师带领学生吟诵《弟子规・谨》，诵读《弟子规・泛爱众》；段丽珺老师为来宾进行《弟子规》中“信”的现场课展示；马思琪老师带领学生从生活实际入手，了解了《弟子规》中“孝”和“谨”的内容；姚素丽主任分享了学校“《弟子规》新解”课程实践总结报告。项目专家韩淑萍博士、孙衍慧校长和东城区教研员蒋杰英老师相继发言，介绍项目，点评课程，同时肯定了学校在“《弟子规》新解”课程探索上付出的努力。

(四)北京市语言文字规范化示范校实践课程研讨会

2016 年 5 月，北京市语言文字规范化示范校实践课程研讨会在学校召开。此次会议由东城区语言文字工作委员会主办，旨在传承经典文化，提升语文素养。会议内容由6节研究展示课和5个学生特色活动汇报组成。张雯雯老师带领五年级学生走进课本中的成语，利用形式多样的成语游戏激发了学生的学习兴趣；张楠老师和二年级学生一起了解神奇的标点符号，利用“称职的法官”游戏和有趣的配音活动，让学生兴趣盎然；李帆老师和四年级学生一起变身“新闻小达人”，学生对亲历活动的报道让在场嘉宾久久不能忘怀；张璐老师和六年级学生一起研究广告语言；淮菱老师和张颖老师分别带领六年级学生走进古诗的世界和校本课程“日常举礼”，领略中华传统诗歌的风采和语言文字的魅力。学生语文实践展示课“语林漫步”、汉服文化展示、歌曲《中国字》、课本剧《礼之用》、《少年中国说》诵读，都给大家留下了深刻的印象。参加此次会议的专家有教育部语言文字应用研究所社会语言学与媒体语言研究室主任郭龙生博士，北京教育科学研究院基础教育课程教材发展研究中心、“遨游计划”项目负责人朱传世主任，中国教育学会副秘书长、东城区语言文字工作委员会原副主任张志萍女士。三位专家对本次研究课进行了点评，充分肯定了学校在语言文字工作与课堂教学整合方面做出的有益尝试及付出的艰苦努力。参加此次会议的还有东城区教育委员会社区教育科科长张又佳、语言文字工作委员会代表章力红以及其他区县语言文字工作委员会办公室负责人、北京教育学院“可持续发展”课题组及国学项目组的教师和东城区各校负责语言文字工作和语文教学的干部。

诗意流淌，墨香飘荡，和风吹拂绿沃土，雅韵飘荡谱华章。学校将继续把中华优秀传统文化带进小学语文课堂，用文化经典陶冶学生的心灵，让学生徜徉在中华悠久的历史文化长河中，遨游在神秘的语言文字世界里，全面提升学生的素养。

（五）东城区“我们的城市”课程展示活动

当学生看到自己的父母出现在大屏幕上，向他们介绍各自的职业和为城市繁荣做出的贡献时，他们激动地鼓起掌。这是发生在学校“我们的城市”结题课上精彩的一幕。2016 年 5 月，东城区“我们的城市”课程展示活动在学校召开。北京教育科学研究院杨黎霞老师、东城区青少年学院郭鸿院长、东城区教师研修中心丁雁玲主任、东城区教育研修学院课程管理部许云尧主任、国际青年成就组织中国研编中心总监孙忠先生及北京部分区县代表参加了会议。北京市地方教材《我们的城市》，为学生了解社会创造了机会，让学生在课程学习活动中规划城市、存钱理财、开餐馆、撰写新闻等；让学生在活动中担当角色，和同伴合作，发现问题，分析问题，并讨论解决问题的方法。2013 年该地方教材在东城区开始正式推广。与会人员现场观摩了学校 8 位教师教授的“我们的城市”结题课，带领学生回顾课程，重温城市中的各种职业，培养学生建设绿色城市的社会责任感和公民意识。课后，展示了课程带给师生的变化。学校在北京开设该课已经 10 年，将“注重前瞻性，兼具实用性；注重区域特色，兼具国际视野”的课程理念与教材《我们的城市》深度结合，为师生搭设创造的舞台。教师的科研能力得到提升，学生也多次在绿色创新大赛上获奖。展示活动后，杨黎霞老师、许云尧主任、郭鸿院长，分别进行了精彩点评，对学校的课程创新予以充分肯定。

(六)“民办教育机构参与中小学学科教学改革实验”项目组专项调研在学校进行

2016 年 5 月，“民办教育机构参与中小学学科教学改革实验”项目组来到学校开展专项调研。北京市教育委员会基础教育一处处长张凤华、项目组专家北京师范大学首都基础教育研究院执行副院长乔树平、东城区教育委员会副主任尤娜等领导以及东城区各项目校的主管干部、教师代表，“金钥匙”“学大”等民办教育机构项目负责人及教师代表参与调研。

学校与金钥匙培训中心的教师共同呈现了一节“典范英语”绘本教学课；学校学生表演原创音乐剧《国门趣事》，创编英语剧 *Alice in secret garden*。东城区教师研修中心小学研修部副主任江萍进行了点评。张凤华处长对项目的推进工作给予了充分肯定。

(七)“志道游学 守正出新”中华优秀传统文化课程展示现场会

2017年5月，学校召开了“志道游学 守正出新”中华优秀传统文化课程展示现场会。北京教育科学研究院基础教育课程教材发展研究中心、“遨游计划”项目负责人朱传世，东城区教师研修中心主任马福贵，东城区教师研修学院郭鸿院长，东城区课程部、教育科学研究所的领导，以及“遨游计划”项目实验校的教师参加了此次活动。会上，吴健校长做了主题汇报。与会领导及教师观摩了学校的传统文化课程展示。学校充分挖掘并利用地域优势，将中华优秀传统文化教育蕴含在课程活动之中，打破传统课程的边界，突出学生为主体的理念，实现了学校资源与社区资源、家长资源、场馆资源的深层互动。围绕中华优秀传统文化，学校构建了丰富的课程资源，突出服务学生的课程理念，强调学生对中华优秀传统文化的学习、传承、创新和担当，以切实的行动，让中华优秀传统文化焕发新光彩。

(八)“构建交互课堂　促进学习方式变革的数字教材应用”市级研讨会

2019年6月，学校召开了“构建交互课堂 促进学习方式变革的数字教材应用”市级研讨会。北京教育科学研究院基础教育课程教材发展研究中心王凯副主任和数字教材项目负责人乐进军老师，东城区教师研修学院郭鸿院长、姜婷副院长和课程部等相关部门领导，以及学习方式变革和数字教材项目指导专家、技术支持团队、实验校领导及教师代表参加了此次研讨活动。首先，学校教师展示了4节精彩的数学数字课堂实验课“植树问题”“图形的旋转”“和差问题”“小数加减法”。教师巧妙地利用平板电脑中的数字教材及互动反馈技术，引导学生自主参与，合作探究，大大提高了课堂效率，有助于培养学生的实践能力与创新能力。实验课后，吴健校长以“建设数字课堂，坚持科研兴校”为主题进行了经验的介绍：教育科研是学校向高层次突破的思维方式，是教师向专业化发展的必然途径，是学校向精品化发展的个性特色。在实践的过程中，学校取得了丰硕的成果。继吴校长的发言之后，做课的佟蕊、张海晨、李帆、吴铎4位教师也向与会领导和教师在《探索数字课堂，感悟教学成长》中分享了自己的收获与体会：抓住机遇，深入思考，助力成长，感恩前行。其次，在专家互动环节，乐进军老师简要介绍了数字教材开发应用研究的定位、取得的进展和未来的方向；北京市中小学百所数字校园实验项目指导专家、北京数字学校发展战略规划研究专家李玉顺教授做了现场点评，认为学校拥有的是一支充满激情的、专业的教师团队，能够将数字教材有效地融入整个学习过程；郭鸿院长肯定了学校实践团队在探索学习方式变革道路上所取得的成绩。最后，王凯副主任进行了总结发言，明确指出研究发展的新方向：未来将在全市推广应用数字教材，予以全面支持；以学生的实际获得和收获为主，依托技术改变传统盲区，让技术思维进入课堂，提取技术思维最有效的因素来反哺、影响、提高教育教学，重建课堂生态。

学校的特色课程异彩纷呈，我们选择国际课程和传统文化课程这两类来详细介绍它们的发展过程和课例，希望能有所借鉴。

第二节　国际课程的校本特色

一、以“我们的城市”课程的发展为例

2013年7月，经北京市中小学地方教材审定委员会初审通过，《我们的城市》正式成为北京市的地方教材并进入学校。听到这个消息后，我们非常高兴，因为这本教材凝结了学校的课程追求故事。

“我们的城市”是学校较早开设的特色课程。它从一门很少有其他学校参与的公益课程，发展为在全北京推广的地方课程。我们既是这一重大变化的见证者，也是参与者。2006年9月至今，学校与国际青年成就组织合作，研发出经贸知识渗透等一系列国际课程。先后有众多的企业志愿者、大学生志愿者走进学校，为学生讲授“我们的城市”“我们的

世界”等经贸知识课程。通过一系列连贯的商业和经济课程，学校为学生搭建起一个连接课本知识和实际生活、未来工作的桥梁，有助于学生更好地理解经贸知识，为日后的学习和生活打下良好的基础。该课程是适合小学中年级学生学习的国际优质课程，可以让学生和同伴一起进行城市规划、模拟企业经营、设计环保产品、探讨水资源保护等。学校在启发学生对经济社会进行思考和探索的同时，还注重培养学生的人际交往、数学思维、阅读和写作、设计与绘画、信息技术等方面的能力；不仅鼓励学生运用创新思维来学习，而且帮助他们根据自身的技能和爱好来探索职业兴趣，激发职业热情；让学生在参与活动中培养自我意识，增强承担责任、与他人合作、设定个人目标的能力等；满足学生的不同需求，促使学生在各种体验式活动中享受学习的快乐。

(一)从学校的角度保障课程的发展

学校一直秉承创造教育理念。依据地缘的优势，结合时代的发展要求，学校确立了“注重前瞻性，兼具实用性；注重区域特色，兼具国际视野”的课程建设理念，力求以国际优质课程促进学校的可持续发展。课程的国际化是在原有的课程体系与教学传统及其文化基础之上的变革与创新，是基于国际视野的课程改革本土化。立足于本土，放眼于世界，其核心和最终目的是培养具有国际意识和具备国际交往与竞争的能力的人才。开设国际化的课程，不是求一时之新，而是社会发展与学生成长的要求，是贯彻学校理念的需要，是实现办学目标的有效途径。

当今社会的多元化发展决定了生活的多元化，使学校的教学内容、教学方法、教学手段也走向多元化，以适应社会，适应生活，为学生的成长服务，为培养适应社会和时代发展的世界人奠定基础。

“我们的城市”课程的目标定位在于让学生了解城市中几种典型职业的工作内容，学习、体验简单的工作技能；感受不同的职业与城市发展间的密切联系；能够提出自己初步的职业理想，感受当前学习与未来职业间的联系；理解不同职业在工作中贯彻可持续发展理念所做出的努力，并在活动中关注与尝试实践；认识到可持续发展对城市生活的重要性；综合运用学科知识，主动探究、大胆体验，以培养创新思维能力、语言表达能力、数学计算能力、团队合作能力等综合技能。

经过几年的实验，我们逐渐将这门课程纳入学校的整体课程框架。目前，学校已经形成了较为完善的国际化校本课程体系，如表 7-1 所示。

表 7-1 学校国际化校本课程体系

年级	课程
一、二年级	我们的社区(安全童行)
三年级	我们的城市
四年级	我们的世界
五年级	媒介素养教育
六年级	理财小高手

我们要求所有引入的课程都要按照学校的要求，制定课程纲要。课程纲要对教学内容和教学目标、人员配置、授课年级等做出了详细的规定；每一门引入的非学校教师授课的课程，都配备专门的跟踪教师，监督课程进展情况，帮助解决课堂上的问题，保障教学成果。同时，学校专门安排信息技术人员录课；在每个学期收集相关的教案和课件，对课程开展的情况和学生及家长的反馈进行调研；严格管理，实时跟踪，定期开展课程研讨会，加强实践与反思，以保障课程的顺利推进。

(二)从科研的角度引领课程的发展

1. 打破学科边界

以“我们的城市”课程的开展情况为例，涵盖 6 个学科的 8 位教师组成了实验团队，如表 7-2 所示。

表 7-2 “我们的城市”课程的教师团队

目录	主题	授课教师	教师任教学科
第 1 课	在城市里	恩超	语文
第 2 课	建造一座城市	李东林	综合实践活动

续表

目录	主题	授课教师	教师任教学科
第 3 课	开一家餐馆	张楠	语文
第 4 课	制作新闻报纸	李帆	数学
第 5 课	去银行存钱	姚祺	数学
第 6 课	管理城市的交通	王新刚	体育
第 7 课	保护城市中的水	高满	科学
第 8 课	让城市更清洁	王英坤	品德与社会
第 9 课	绿色产品商店	教师团队	涵盖 6 个学科

科学教师高满把“水污染”的小实验带进了课堂；品德与社会教师王英坤带领学生开展垃圾分类活动；数学教师姚祺帮助学生“理财”；综合实践活动教师李东林从学校的规划讲到城市的规划；数学教师李帆带着学生把学校运动会、班级特色活动撰写成新闻；结合社会热点问题，教师还把课程进行了拓展延伸。教师在做好学科教学的同时，把“我们的城市”课程的研究开展得有声有色。在实验过程中，我们力求打破学科边界，充分发挥学科优势，实现教育发展的最优化。

2. 整合研究课题

学校曾多次被评为北京市中小学教育科研先进学校、市区级基础教育课程建设先进单位，是东城区精品化教育的典范，具备较强的研究实力。所以，学校近年来参与了多项科研课题，如“北京市中小学课程创新实验——遨游计划”项目、“北京市基础教育阶段创新人才培养”项目的研究与实验等。我们将所有的课题实验进行统一规划，在共同的理念指导下，将实验“打包、捆绑”，这样大大提高了教师参与的积极性，激发了教师的创造潜能。比如，我们将课题实验与学习方式变革项目相结合，让教师尝试使用电子版教材授课，还将其与创新人才培养项目相结合等。所有的实验成果可以作为多个课题项目研究的依据。

3. 挖掘各类资源

为保障课程顺利实施，学校积极为课程研发教师提供平板电脑、笔记本电脑、录音录像设备等设备；设立专门人员保障录课室的使用、优质课的录像和新媒体教学环境的创设；为教师提供移动互联、图书馆、户外培训等资源。

“我们的城市”课程在实验之初由合作方提供课程资源。我们设立专门人员妥善管理各种资源和设备等。同时，我们将实验过程涉及的经济知识、生活常识、理财技能和语文、数学、美术、信息技术等课程资源进行有效整合，并通过管理保存教师的课例资源。它们不仅是本学期课程的成果，而且是下学期授课的参考资源。

为了帮助学生了解关于社会责任、职业规划、理财常识等方面的知识，我们在努力寻找一切可以利用的教学资源，充分调动社会各方面的力量，使之积极主动地参与到学校教育教学活动中来，为学生的成长服务。南锣鼓巷里的店铺成为学生的实践活动体验基地；年轻的企业家为学生讲述创业的艰辛和回报社会时的欣慰；来自各行各业的家长也纷纷走上讲坛，形成家校合力育人，实现教育效能的最大化。

(三)从创新的角度促进课程的可持续发展

1. 不断改进，常教常新

“我们的城市”课程实验的整体规划分为以下 6 个阶段，如表 7-3 所示。在这个过程中，学校力求每个阶段都能明确任务，有所创新。

表 7-3　“我们的城市”课程实验进度安排

阶段	时间	主要任务	授课情况
第一阶段	2013 年 9 月—2014 年 1 月	课程监控；将原有教材与新教材进行对比	三年级的 4 个班由企业和大学生志愿者授课，2 个班由教师团队授课
第二阶段	2014 年 3—7 月	收集整理相关资源；参加创新挑战赛	由企业和大学生志愿者团队以及学校跟踪听课的教师团队授课

续表

阶段	时间	主要任务	授课情况
第三阶段	2014 年 9 月—2015 年 1 月	从学校挑选授课教师，将每节课落实到人，成立团队；参加创新挑战赛	三年级的 4 个班由企业和大学生志愿者授课，2 个班由教师团队授课
第四阶段	2015 年 3—7 月	将课程资源固化；承接市级现场会；参加创新挑战赛	由企业和大学生志愿者团队以及本课程教师团队授课
第五阶段	2015 年 9 月—2016 年 7 月	电子化教材试验；申报优秀成果；参加创新挑战赛	由企业和大学生志愿者团队以及本课程首席教师团队授课
第六阶段	2016 年 9 月至今	进行课程展示；发挥引领示范作用；参加创新挑战赛	由优秀的企业和大学生志愿者团队以及本课程首席教师团队授课

经过几年的实践与改进，结合国情、校情和学生的实际情况，我们对课程不断地进行了本土化改造。在教学过程中，教师围绕主题，如城市规划、银行存钱、开餐馆、城市交通等，紧密结合学生所在社区的实际情况，补充和拓展教学内容，以便学生进一步了解社区生活，培养相关的生活技能。在讲到“建造一座城市”中的蓝图时，教师找来了学校的图纸；在讲到“开一家餐馆”时，教师选择了学生爱吃的“必胜客”；在讲到“管理城市的交通”时，教师结合学校周边的地域环境，让学生感到熟悉而亲切。课程的研发与实验推进了学校的课程建设，实现了学校全面发展的目标并有所突破。

2. 使师生受益，促进学校发展

学校借鉴“我们的城市”等国际化课程，让学生受益。每学期的课程结束后，我们都会对学生进行调查。调查结果表明，100%的学生喜欢“我们的城市”这门课。这门课程帮助学生认识和理解了自己所生活的城市，包括它的基本功能设置、职业类型和城市的可持续发展。在课程学习过程中，教师开展了大量的生动有趣的主题体验式游戏活动。学生一起进行城市规划、模拟企业经营、设计环保产品、探讨水资源保护等活动，在教师的引导下体悟出知识点和学习方法、行为规则，并将这些内容转化为内在行为，初步了解了建设绿色城市的重要意义。学生在各种活动中感受着学习的快乐，同时快乐地成长。学生喜欢这些课程，并能够自觉地将学到的经贸知识与实际生活中遇到的问题相联系。学校的学生连续多年参加了国际青年成就组织中国小学生绿色创新挑战赛，获得了“超级人气”“未来领袖”等奖项。在北京市首届小学生绿色创新挑战赛中，学校派出的代表队荣获了团队总分第一的好成绩，学生亲手制作的太阳能充电雨伞获得专家的好评和青睐；六年级学生设计的“立交桥积水报警提示牌”获得北京青少年科技创新大赛项目发明一等奖，多位学生的论文获市区级一、二、三等奖。

国际化课程先进的理念和鲜活的内容，受到学生的欢迎，同时也对教师提出了更高的要求。随着课程研发的深入推进，教师志愿者的科研能力与水平也大幅提高，他们在撰写案例的基础上，共同研发了多个教学课件。多位教师获得绿色创新活动“优秀辅导员”称号。他们撰写的论文及成果获市区级一、二、三等奖。为了发挥辐射作用，促进教育资源共享，近年来学校多次承担了市区级的国际课程展示活动，还派教师志愿者到学区里的兄弟学校送教上门，把国际优质课程资源带给那里的教师和学生。此外，学校的干部及教师多次对国际青年成就组织的企业或学生志愿者进行授课培训，将学校的经验进行推广，并在北京市级的“我们的城市”课程培训会上做经验介绍及课例展示。

2015 年，学校成功召开了北京市“国际优质课程开发研究与实验推进项目”阶段研讨会。2016 年，学校又进行了“我们的城市”课程展示活动。正是因为学校拥有了这些国际优质课程，所以让这里的教师和学生充满了幸福感，具备了迎接世界挑战的决心、勇气、能力和激情。在东城区国际教育学院的引领下，学校积极参与国际交流：开展“小芝麻看世界”系列活动，让学生走进加拿大和美国等国家或地区，展示自己的创造精神和创新成果；搭建平台，使教师在美国、加拿大媒介素养协会上与专家讨论并分享自己的观点；帮助教师登上了国际讲坛，尽情展现中国教育者的风采；在法国、德国市政厅展示会上讲述学生创新的故事。2017年5月，学校教学干部在通州区举办的国际青年成就组织国际课程“我们的城市”课程教材研讨会上，进行了题为“关注国际课程 培养国际视野”的课程实践经验分享。

(四)实践反思

在每节课的40分钟内，教师既想把概念讲清楚，又想让学生进行角色扮演、案例分析、分组讨论、完成学习单等，这就需要教师有效地把控时间。有效地把控要求教师在课前计划好，在课上结合实际情况进行调整。在学生发表见解的过程中，教师要认真倾听，特别是对于有关道德价值取向和一些敏感的社会问题，都应及时加以正确的引导。在不同班级授课之后，教师要及时对课上出现的问题和学生的精彩发言进行认真记录，从而进一步丰富后续的课程资源。此外，课程的评价工作要更加多样化、常态化，要融于学校的整体课程评价之中。

二、其他课例展示

表7-4 “开一家餐馆”的教学设计

授课教师：张楠

本课体现的自主课堂理念	
新的课程标准指出，在教学中教师要回归生活，联系学生的生活培养学生收集、接收和处理信息的能力、获取新知识的能力、分析和解决问题的能力以及交流与合作的能力，进而使学生具有初步的创新精神、实践能力。标准或教材强调的都是学生自身的生活经历、生活经验，努力促使他们在自身的经验、体验中学习。	
教学背景分析	
教材分析	学生在模拟体验如何经营一家餐馆的过程中，感知消费、消费者、生产、生产者和企业家等词汇的含义，理解5P原则的内容与联系，并在讨论中学会合作，学会表达，学会全面地思考问题。

续表

<table>
<tr><td>学情分析</td><td>1. 大部分学生都会有去餐馆就餐的经历，但学生很少会对餐馆的经营和相关的知识进行了解。因此可以让学生完成一次课前调查，让学生关注一些经营的知识与总结体验感受。
2. 四年级学生有过一定的消费经验，因此在举例的基础上理解消费、消费者、生产、生产者并不困难，但是理解企业家有一定的困难，需要举例引导。
3. 学生在5P原则的理解上有一定困难，需要借助范例进行总结提炼，再通过互动式的小组探究性学习，加深对5P原则的理解与运用，注意多体现5P原则各原则之间的联系。
4. 四年级的学生在探究中会出现无秩序的情况，要关注讨论前的提示与合理的分工，并创设情境让学生保持探究的兴趣。</td></tr>
<tr><td colspan="2">自主课堂目标</td></tr>
<tr><td colspan="2">情感价值的提升：学生通过模拟开餐馆的探究过程，培养职业理想与兴趣。
收获学习方法、发展思维能力：学生通过小组合作探究的学习方式，学习如何沟通，培养团队合作意识，培养表达及全面思考的能力。</td></tr>
<tr><td colspan="2">本课的核心概念：学生运用5P原则，体验开一家餐馆的简单策划过程。</td></tr>
<tr><td colspan="2">教学重点：5P原则的理解与运用。</td></tr>
<tr><td colspan="2">教学难点：5P原则各原则之间的联系，以及能以联系、换位、综合的角度进行思考的能力。</td></tr>
<tr><td colspan="2">教学资源的开发与利用</td></tr>
<tr><td colspan="2">1. 学生学习资源的开发与利用：课前调查。
2. 教师教学资源的开发与利用：教学卡片、PPT的利用。</td></tr>
<tr><td colspan="2">实现学生自主成长的教学过程</td></tr>
<tr><td colspan="2">一、激趣导入，体会、积累词汇
（一）谈话激趣
师：（出示PPT图片）猜猜今天我们所要了解的职业与什么有着密切的关系？你们平时最喜欢到哪些餐馆去就餐？那里的什么菜式最好吃？
预设：所要了解的职业与餐馆有着密切的关系。学生喜欢肯德基的炸鸡汉堡、全聚德的烤鸭、呷哺呷哺的火锅、郭林家常菜等。教师依据学生的回答给餐厅分类，如中式快餐、美式快餐、中餐、西餐、自助餐、中式火锅。
师：看来我们班喜欢中华美食的同学特别多。由于人们的口味不同，因而餐馆的菜式也就依据人们的喜好变得丰富起来。
设计意图：教师从学生熟悉的餐馆入手，与课前调查产生联系，激发学生的学习兴趣，让学生体会餐馆菜式的多样性。</td></tr>
</table>

续表

（二）理解积累词汇，引出课题 师：我们去餐厅品尝美食、享受服务的过程可以用什么词语来形容？ 预设：购买、买卖、消费等。 师：凡是购买商品或享受服务的过程，我们都可以称之为消费。那么买单的我们又可以称为什么？ （预设：消费者。） 师：那么相对消费来说，餐厅为我们提供美食与服务的过程又能用什么词语来形容？ （预设：制造、生产等。） 师：这个过程就是生产。那么餐厅的全体工作人员又可以称为什么？ （预设：生产者。） 师：（出示 PPT 图片）正是有了各行各业的生产者的辛苦付出，我们的生活才变得更方便、更舒适、更幸福。你想不想也成为一名创造幸福的生产者？今天我们的职业体验就是开一家餐馆，当一回老板。（板书：开一家餐馆） 设计意图：教师通过列举到餐馆就餐的实例，让学生理解积累相关的词语，并激发学生完成体验任务的兴趣。 二、在实例中了解 5P 原则，运用 5P 原则完成体验任务 （一）借助必胜客的实例，了解“成功秘诀”5P 原则 师：如何才能当好一名餐馆老板呢？我们不妨也来像唐僧一样取取经。看（出示 PPT 图片），这是两家比萨店，你们熟悉吗？它们开在哪儿？ （预设：熟悉，一家是咂摸餐馆，就在南锣鼓巷里；另一家是必胜客，就在地坛公园旁边。） 师：如果你只有一次消费机会，你会成为哪家比萨店的消费者？ [预设：必胜客（用举手的方式验证）。] 师：看（出示 PPT 图片），不止你们喜欢“必胜客”，等候消费的人们都排成了长龙。这就说明“必胜客”在经营上一定有它的“成功秘诀”。下面就请大家根据自己的就餐经历，来找一找“必胜客”经营的“成功秘诀”。 ①合适的地点。 （预设：它开在了商店的下面，这样去的人多。它的地点选得好，去的人多。） 师：看来餐馆要选择在合适的地点开设，这是一条很重要的经营经验。 ②合适的产品。 （预设：那里的比萨种类多，味道好。那里的西餐很好吃，很新鲜。） 师：看来那里的产品符合大家的口味，这也是一条很重要的经营经验，要有合适的产品。 ③合适的价格。 （预设：它们的价格合理。它们那里总有优惠，如天天半价等。）

续表

师：味道好，价格又合理，这当然很诱人了。这也是一条很重要的经营经验，要有合适的价格。

④合适的人员。

（预设：那里上菜的速度快，服务员十分勤快，环境好，很卫生。）

师：看来必胜客的服务到位，说明那里的员工素质高，这又是一条很重要的经营经验，要有合适的人员。

⑤合适的宣传。

（预设：我们发现它们的宣传做得好。它们的店面布置很漂亮。）

师：宣传做得好才能吸引更多的人，生意才会红火，这又是一条很重要的经验。

（设计意图：教师借助必胜客的实例，让学生通过自己的经历提炼出5P原则；让学生对5P形成直观认识，为后面的运用打好基础。）

（二）在观察中发现5P原则及其特点

师：同学们，你们太了不起了，很快就找到这么多的秘诀。观察这5条秘诀；你们有什么发现？

（预设：它们都有英文单词，每个单词的开头都有P。）

师：你观察得真仔细，谁来带着大家读一读这5个单词？（学生跟读。）

师：没想到你们能读得这么好。这就是在经营餐馆时我们要遵循的5P原则，它是经营成败的关键。

师：你们还有什么发现？

（预设：5P都有合适一词。）

师：别小看合适这个词，它说明在运用5P原则时，需要结合实际情况，综合做出判断。

（设计意图：教师通过发现5P原则及其特点的过程，培养学生的观察与分析能力，让学生初步感受运用5P原则时要结合实际情况，做出全面的思考。）

（三）通过举例来体会从老板转变为企业家的过程，并积累有关企业家的词语

师：看（出示PPT图片），这就是“必胜客”的标识。必胜客是全球最大的比萨专卖连锁企业之一。法兰克·卡尼和丹·卡尼两兄弟于1958年，凭着向母亲借来的600美元在美国堪萨斯州威奇托创立首间必胜客。它的标识的特点是把屋顶作为餐厅外观的显著标志。它遍布世界各地100多个国家，每天接待超过400万位顾客，烤制170多万个比萨饼。

卡尼兄弟合理地运用了5P原则，坚守着品质源于坚持的信念，历经几十年的努力，把一家比萨店经营为拥有32500家分店的大型企业。此时你们有什么想说的吗？

（预设：他们真了不起！我们很佩服他们。）

师：企业家的创业经历与创业精神是值得我们每个人去学习的。我们今天也向卡尼兄弟学习，从开好第一家店开始，策划开一家新餐馆，好吗？

续表

（预设：好。） （设计意图：教师通过介绍卡尼兄弟的创业经历，让学生对企业家有一定的感性认识，并对企业家产生敬佩之情。） （四）运用5P原则，小组合作探究完成体验任务 1. 指导小组合作，明确任务要求 师：今天我们的体验任务就是完成一份新餐馆的策划书。小老板们，你们有信心来策划一家新餐馆吗？ （预设：有。） 教师：出示PPT，让学生阅读16～19页的内容，为策划做准备。 师：在策划之前你们想听听我的建议吗？ （提示：特别需要注意的是，学生在阅读学习内容与成功秘诀海报时对应着看这里的知识与提示，会对策划有帮助。） 教师：出示PPT，让学生认真阅读策划书中的题目，开展小组合作讨论，填写策划书。 （提示：组长一定要组织组员在讨论前认真审题并看清海报上的条件，填写时要字迹工整。） 教师：出示PPT，让学生按时完成，请合作最好、最快的小组到台前展示。 （提示：学生在讨论时一定要有序，声音要低，要会合理分配时间。） 师：现在开始讨论交流，注意时间为10分钟。 （设计意图：教师出示提示，引导学生了解完成体验任务的步骤，并对学生的讨论交流活动做出指导，帮助学生更好地完成体验任务。） 2. 学生展示，组织评价、交流 师：有请这个小组上台展示。请台下的同学注意倾听，分析他们的策划书是否符合5P原则，他们的理由是否充分合理。 师：你们小组的其他同学还要补充说明吗？ （预设：本组同学进行补充说明。） （设计意图：教师要注重培养学生的团体合作意识，让学生学会倾听与补充。） 师：大家来评一评小组所展示的策划书在哪些方面考虑得最深入、最合理。 ［预设：我们认为他们在选择地点、价格、人员、宣传方式等时，考虑得十分合理。］ 师：你们小组的新餐馆策划书，在许多方面都得到了大家的认可。你们真是一支优秀的团队。让我们为他们表示祝贺！ （设计意图：教师让学生学会从合理性、可行性的角度来评价策划书，并培养学生先关注他人的优点的意识。） 师：其他小组在策划上与他们有哪些不同？或者你们对他们的策划还有什么好的建议吗？

续表

预设1：地点选择的不同

师：你们选择的功能区的优势在哪里？

小结：地点的功能区可以是不同的，但一定要体现客源丰富的特点。

（评价角度：思考全面，观察细微。）

预设2：产品的不同

师：你们在确定这个菜式时的理由是什么？

小结：看来选择菜式时要考虑多方面的因素，从而做出合适的判断。

（评价角度：思考全面，会分析调查结果。）

预设3：价格选择的不同

师：你们定价高或低是出于什么考虑？

小结：定价一定要考虑消费者的感受，经商要厚道才能赢得回头客。

（评价角度：换位思考。）

预设4：人员选择的不同

师：你们人员的选择与他们不同的理由是什么？

小结：餐馆的定位与需求不同，人员的选择与分配也会不同。

预设5：宣传方式选择的不同

师：你们为什么要选择这种宣传方式？广告语突出了餐厅的什么特点？

小结：宣传方式的选择一定要与其他因素相联系，能突出餐厅的特点，还要考虑经费与成本的问题。

（评价角度：思考全面，有创新意识。）

（设计意图：教师要注重培养学生的多元思维，让学生有更多的展示机会。）

3. 深入了解5P原则各原则的关系

师：在刚才的展示与评价中，我们发现你们每个人都很有商业头脑，在做出选择时都很好地运用了5P原则，你们都是成功的策划者。在运用5P原则的过程中，你们认为5P原则各原则之间存在什么样的关系？对5P原则又有什么新的认识？

（预设：相互联系，相互影响。）

师：正像大家分析的一样，在运用5P原则时，我们一定要注意各原则之间的联系，要学会整体思考，关注细节。只有这样，我们策划餐馆成功的概率才会更大。

（设计意图：教师注重培养学生的分析能力，让他们学会考虑各原则之间的关系，学会用联系的眼光看问题。）

三、将职业梦想与自己的学习生活相联系

师：今天我们成功地体验了策划一家自己的餐馆的过程，你们是否有了当老板、当企业家的梦想？

（预设：有。）

师：梦想有了，但要想实现它，我们可以为之做出哪些准备？

（预设：我们要学好数学，否则账都算不好。要学好英语……）

续表

师：我们的梦想需要知识、需要我们的不懈努力。后面我们还会体验更多的职业。让我们从小怀揣梦想，长大后努力实现梦想，这样中国梦就会在你们的身上实现。 (设计意图：教师要培养学生的职业梦想，让他们发现实现梦想的方法与途径。)
课前小调查　　班级____姓名______
我们是快乐调查员：自评完成情况☆☆☆☆☆ 1. 你和你的家人喜欢到哪些餐馆去就餐？把餐馆的名字列举在下面。 ____ 2. 选出你家最喜欢的餐馆写在下面的横线上，并用简单的词语或句子来说明家人喜欢的原因。 最喜欢的餐馆：______________ 我们的理由：______________ (　　)的理由：______________ (　　)的理由：______________ 3. 读一读书中14～19页的内容，想一想你记住了哪些词语？ ____ ____ ____
新餐馆策划书
地点：确定新餐馆建在哪个功能区，再用符号在海报的地图上标出最佳地点，要充分交流理由。 ______________________区 产品：依据海报的调查及其他信息选择菜式，要充分交流理由。 菜式：______________ 价格：如果每月有1000个人到你的餐馆用餐，根据海报中的总成本，你的菜品的定价是6元、7元、8元，还是9元？请选择并写出你们的利润，要充分交流理由。总收入一定要大于总成本(公式：人数×定价＝总收入　总收入－总成本＝利润)。 定价：________元　利润：________元 人员：根据海报内容，选出你雇佣的第一名员工，并写出职务，要充分讨论理由。 员工：________职务：________ 宣传：综合以上信息，选择一种宣传方式(如电视、报纸、宣传单、店面布置等)，再写一句让顾客了解并喜欢新餐馆的广告语。
点评：该课立足新的社会生活，以学生为本，课堂气氛民主和谐，着力引导学生自主学习、合作学习、探究学习；环环相扣，目标清晰，充分发挥多媒体设备的直观、高效的优势；教学理念新，设计新，手段新，信息化情景新；部分教学内容可以进一步优化整合，让教学形式更贴合内容和目标。

第三节　传统文化课程的持久魅力

我们认为，传统文化教育，应该是以中华优秀传统文化为土壤的传承教育。近年来，人们越来越重视中华优秀传统文化教育，中共中央提出了中华优秀传统文化传承发展工程。习近平总书记指出：中华优秀传统文化已经成为中华民族的基因；我们提倡和弘扬社会主义核心价值观，必须从中汲取丰富营养坚持立德树人，完善中华优秀传统文化教育，增强学生社会责任感、创新精神和实践能力。

教育部发布的《完善中华优秀传统文化教育指导纲要》指出，中华优秀传统文化是中华民族语言习惯、文化传统、思想观念、情感认同的集中体现，凝聚着中华民族普遍认同和广泛接受的道德规范、思想品格和价值取向，具有极为丰富的思想内涵。加强对青少年学生的中华优秀传统文化教育，要以弘扬爱国主义精神为核心，以家国情怀教育、社会关爱教育和人格修养教育为重点，着力完善青少年学生的道德品质，培育理想人格，提升政治素养。

如何用中华优秀传统文化滋养少年儿童的核心价值观是新时代的命题。学校地域文化资源丰富，历史悠久，多年来进行了相关课程的探索与开发，在引入借鉴的基础上，进行本土内化。学校通过课程让学生浸润在中华优秀传统文化之中，增强国家认同、文化认同，不断创新。

学校重视中华优秀传统文化教育和传统经典、技艺的传承；重视并充分挖掘利用地缘的优势，打破边界，实现学校资源与社区资源、家长资源、场馆资源的持续互动，让中华优秀传统文化成为学生创造美好未来的基因；重视突出学生主体和服务学生的课程理念，将中华优秀传统文化与学生行为规范、校本课程特色、校园文化建设、家庭教育相结合，把中华优秀传统文化教育课程渗透、拓展到师生的日常生活和学习中去，把中华优秀传统文化教育课程做细、做实、做出成效。

一、阅读博览课，是传承中华优秀传统文化的根基

学生知识的获取、能力的提高、思想的启迪、情感的熏陶、品质的铸就很大程度上来源于阅读。从某种意义上讲，课外阅读比课内阅读更为重要。据调查，在小学阶段，学生通过课外阅读可以获得所获知识总量的15%～30%，中学阶段获得40%，大学阶段获得65%～70%。这些数据告诉我们，课外阅读是学生增长知识、拓宽视野、灵活运用所学知识的重要途径。广泛的阅读有助于学生形成良好的道德品质和健全的人格，向往真、善、美，摈弃假、恶、丑；有助于学生沟通个人与外部世界的联系，认识丰富多彩的世界，获取信息和知识，拓宽视野；有助于学生理解和运用祖国的语言文字，提高语言表达能力和作文水平；有助于培养学生收集和处理信息的能力、思维能力、审美能力等；有助于培育学生热爱祖国的语言文字和中华优秀文化的思想感情；有助于激发学生的阅读兴趣，培养学生自主学习的良好习惯。

(一)营建阅读环境，让校园处处留书香

学校的特点是校园小，校区多，生源多。经过统筹安排，我们变劣势为优势，四个校区分别是低中高学段，各具特色。我们根据各自的特点确立教育活动主题，并配套建设图书馆。我们将阅读建设与办学理念相结合，为育人目标服务，让图书馆资源精准地为教育教学服务。

低年级段所在的织染局校区和帽儿校区，紧邻玉河。它开展以“培养行为习惯、热爱生活”为主题的学生活动，开设蒙学养正的阅读课程。配套建设的“书吧”，装饰上充满童趣；藏书以绘本、儿童蒙学读本、传统文化读本为主。

中年级段所在的前圆恩寺校区，是有着300年历史的老校园。它开展以“热爱学校、自主自立”为主题的学生活动，开设绘本阅读课程。配套的图书馆，设在建筑文物之中；藏书以漫画、绘本、科普与文化读本等为主。它配备了80台平板电脑，方便学生进行阅读。

高年级段所在的黑芝麻校区，是学校的主校区，有着丰富的人文历

史与教育荣光。它开展以“有理想、会创新”为主题的学生活动，开展创新思维、传承文化等活动。配套的图书馆，设立在行知体验苑内，面积虽小，但因地制宜，处处设计巧妙，让学生迅速融入阅读的氛围。图书馆分为三个阅读区：轻阅读区、云阅读区与纸阅读区。藏书以传统文化、中外文学名著、科学历史读本为主。学生可以在沙发和坐垫上阅读，徜徉其中，会迅速地融入阅读的氛围，变得安静起来。

此外，四个校区内都配置了超星电子阅读机，让学生可以随时阅读有声的动画读物。每个班级设置了图书角，成为校园中流动的图书馆。我们以办学理念为引领，着力打造“品位高、创意新、目标明”的阅读环境，让师生置身于浓厚的阅读氛围之中。

（二）开展多样活动，让学生从内心散发馨香

在硬件建设之初，我们就根据不同校区学生的年龄特点对主题活动进行了分析与规划，配备了相应的藏书。因此各校区的图书馆不仅为学生提供了阅读的场所，而且为教师开展主题活动提供了基地与软件支持。图书馆引进期刊、图书，为教师的教研服务，为学生的阅读服务。

1. 阅读进课表，每周有书读

学校在一至六年级开设阅读课程，在一、二、六年级每周开设两节，在其他年级每周开设一节，以便让教师有计划、有目的地进行阅读指导。

学校专门成立了“启蒙阅读”校本课程课题研发小组。没有教师对于阅读的热爱，就很难点燃学生的阅读热情；没有教师与学生的共同阅读，就很难形成师生共同的精神家园。如果没有教师的阅读，就没有教师的真正意义上的成长与发展。阅读经典，与过去的教育家对话，是教师成长的基本条件，也是教师教育思想形成与发展的基础。读书对于教师来说不仅是寻求教育思想的营养和教育智慧的源头，而且是情感与意志的冲击与交流。因此，研发小组的教师有一个共同的特点，那就是热爱阅读。

教师带领学生潜心阅读经典美文，利用材料教给学生读书的方法，

如选读法、浏览法、精读法、摘读法等，引导学生阅读中外名著，吟咏古今诗文，强化国学教育，在大量的阅读实践中培养学生良好的阅读习惯和兴趣，让学生初步掌握读书的方法。

2. 阅读有科研，越读越爱学

在课堂上，教师并不满足于学生对读物内容的理解，更加注重对学生进行读书方法的指导，培养学生的语言表达能力、想象能力。例如，在“爷爷总是有办法”一课中，教师让学生联系生活实际去理解生活中的小问题，并开动脑筋去解决；在“凯能行”一课中，教师设计了读书交流活动来加深学生对教材内容的理解；在“是谁嗯嗯在我们头上”一课中，教师引导学生与自己的家长共同上网去收集了解更多小动物的生活习性，制作了读书卡，在课堂上进行交流展示。这些阅读方法的渗透，使学生在一种润物细无声的教学状态下学会了思考、交流、倾听，培养了各方面的能力。

在语文、数学等学科中，教师开展绘本阅读与教学的研究。有的教师尝试把绘本与习作教学相结合，指导学生迁移绘本学习方法，运用丰富的联想和想象，把自己喜爱的小动物写得生动具体，并在全区教研活动中进行了说课展示。有的教师进行了主题为“会思趣绘乐说”的说课，结合学科单元主题进行了绘本阅读教学研究。学校的教学干部还在全区分享了绘本和数学教学的思考与实践，讲述了运用绘本激发学生的兴趣和攻克教学重难点的尝试。

每次走进课堂，我们都是带着无比的自信与憧憬。在这样的课堂上，学生能够静下心来沉浸在书籍中汲取成长的营养，教师能提取出最精华的内容深入浅出地引导学生不断思考、交流。在学生抒发各自的思考感受时，这些书便渐渐地深刻、越发地有意思起来，最后的下课铃声总是伴随着学生的感叹议论。这样的课堂，有幽幽书香，有谆谆引导，有静静思考，有默默聆听，有侃侃而谈，真是一节充满了养分的课堂！

在本学期，我们还在周五的自主选课时间，引入高效阅读课程项目，帮助学生提高阅读效率。在升旗仪式上，教师还会定期将好书推荐给学生，并结合班队会，开展班级读书活动。

3. 阅读出校门，浸润美好心灵

几年来，我们一直参与“书香燕京——北京市中小学阅读指导活动”，并在攀登阅读项目的支持下，利用数据反馈推动学生在课余时间自觉读书。学校通过开展“书香伴我们成长”“童眼看北京”“阅读悦美”等读书活动，使学生陶冶情操，欣赏美，感悟文化。我们参与了第五届“书香燕京——北京中小学阅读指导活动”启动会，并担任了活动策划、主持人，进行了特色节目的展示。学校的戏剧社团编排了课本剧，创编了音乐剧、科普剧等，在艺术节及各级各类比赛中取得了较好的成绩。我们的学生还参与了电视台录制的社区读书公益宣传片，号召大家都来多读书、读好书；在第20届全国推广普通话宣传周到来之际，学生来到南锣鼓巷，通过“汉字风云”街头采访的形式，宣传汉字文化。

我们欣喜地看到课程研发活动在学生中产生的影响：学生对课外阅读的认识已经得到进一步的深化，能学会制订阅读计划，对课外阅读有了一些自己的看法，能在教师的指导下开展多种形式的与课外阅读有关的活动。在实行课外阅读实验的班级中，多数学生已爱上了阅读，也让阅读成为他们学习中不可缺少的一部分。

文化学者余秋雨说：“只有书籍，能把辽阔的空间和漫长的时间浇灌给你，能把一切高贵生命早已飘散的信号传递给你，能把无数的智慧和美好对比着愚昧与丑陋一起呈现给你。”学校立足现实与未来，坚持通过阅读拓宽视野，提高素养。阅读，正在让百年学校散发新魅力，让学生的生活变得更美好。

二、主题微课程，是传承民族文化的路径

学校在前期开设“课本中的成语”“论语名句赏析”课程的基础上，继续开设“日常举礼”课程。

《荀子》提道：“人无礼则不生，事无礼则不成，国无礼则不宁。”古代的课程设置充分体现了“礼”的主导地位。文明礼仪，不仅是个人素

质、教养的体现，而且是个人道德和社会公德的体现。

在“日常举礼”校本课程的研发过程中，我们关注学生的个体发展，根据学生的年龄特点、心理特点和学习基础，采用不同的形式进行教学。经过一年的教学实验后，我们发现实验教材虽然比较切合学生的生活实际，但内容单调，不易于学生学习和实践。为此，教师借鉴我国传统文化精髓《三字经》，将礼仪规范内容进行改编，并在教学实践中反复推敲、修改，使其文字内容，朗朗上口。在改编的同时，教师还注重发挥学生的主体作用，让他们给文字内容配上插图，做到图文并茂，生动形象。学生参与编画的过程，其实是自我教育的过程，也是他们进行语文实践的过程。

我们把“日常举礼”校本课程纳入学校的课程计划，在一、二年级每班每周安排一个课时的教学。在课堂上，教师组织学生学习礼仪常规内容，既重视礼仪知识的传授，又重视礼仪行为的训练。训练方式不拘一格，如示范、表演、选择、判断、游戏等。教师在生动有趣的学习中，使学生粗通礼仪知识，引导他们亲身体验，学练结合，以练为主，实现从感性到理性的升华，从整体上提升学生的礼仪素养。

榜样的力量是无穷的。基于小学生的模仿性强和可塑性大，给他们树立身边的榜样，让他们来效仿，是行之有效的办法。在学校，学生都以能得到德育处颁发的印有黄色校徽的“文明礼仪章”而骄傲。每个班级的学生也都在为得到每周宝贵的“文明之星”而努力。进校见到教师那个规范的鞠躬礼，升旗时国旗前那个标准的站姿，课间同学间不小心发生碰撞后那句饱含歉意的“对不起”以及另一方那句豁达的回应“没关系”，那个亲切的问候、温馨的微笑，让我们感到的是温暖，是感动，是欣慰！

为了让学生达到自我教育的最高境界，我们鼓励学生记礼仪日记，让他们把在课堂中学到的礼仪常识和自己的感受用笔记录下来，可用文字表达，也可以用图画再现，亦可图文并茂。这看似成了学生“负担”的任务却受到他们的热烈欢迎。学生表现出了极大的参与热情：“我们手绘我们心，我们笔抒我们情”，一时间竟成了学生说得最多的话。

图 7-2 至图 7-5 是学生作品。

创造性活动的开展，充分调动了学生的主体参与性和积极性，使学生在活动中懂礼仪、享乐趣，在乐趣中养能力、受教育，在教育中有觉悟、养习惯。

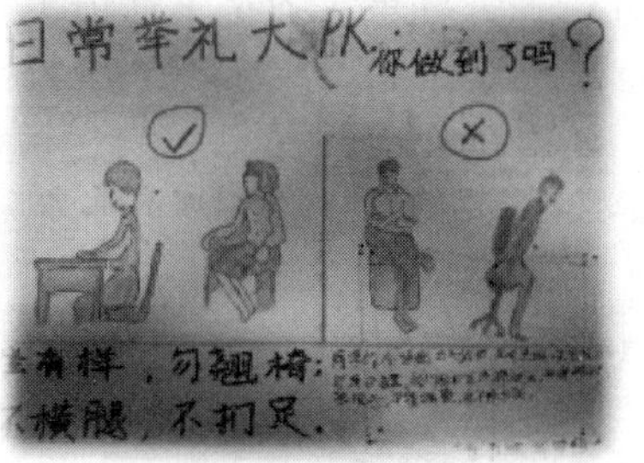

图 7-2　学生作品(1)

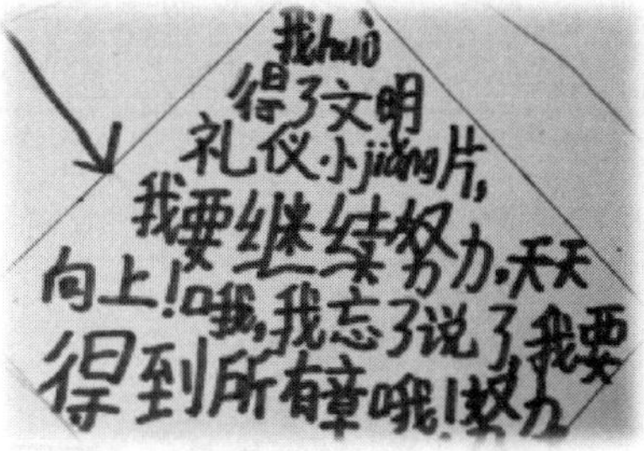

图 7-3　学生作品(2)

图 7-4　学生作品(3)

图 7-5　学生作品(4)

社会是学生的实践天地，也是他们长知识、增才干的平台。学校实验教师张楠、张雯雯就带领二年级和五年级的学生开展了主题为“承传统·讲礼仪”的语文综合实践活动。

学生在教师的带领下，走进了学校的综合实践基地——南锣鼓巷，向游客分发宣传材料，并对游客进行“日常举礼”的普及和宣传。学生根据课上的学习经验以及自己对日常礼仪的理解，在教师的指导和家长的帮助下，撰写了采访稿，并且精心设计了宣传单和小礼品，在思考和交流中增进了自己对我国传统日常礼仪的了解，增强了文化底蕴。同时，学生通过采访了解不同年龄和不同身份的人对日常生活中礼仪的看法，对我国传统文化有了一个更客观、更辩证的了解。此外，学生通过亲自与游客沟通交流，训练了表达能力和应变能力，了解了人们的实际生活，增强了社会参与意识及责任感，也在潜移默化中提升了语文素养。学校以“大手拉小手”的形式组织活动，增强了学生的主动性和互动性，让学生在沟通、学习和鼓励中学会倾听，学会尊重，为学生提供了一个展示自我、分享成果的平台。图 7-6 和图 7-7 为学生活动。

图 7-6　学生活动(1)

图 7-7　学生活动(2)

为了深入了解活动的成效，学校在 2012 年和 2014 年分两期对同一批学生(213 人)进行了跟踪调查。调查结果显示，学生的文明素养整体得以显著提升。

在“早晨起床”这个问题上，选择“听到闹铃自己起床并整理衣物、床铺”的学生由 24 人增加到 154 人，提高了 61.6%；选择“家长催促多次后才起”的学生由 12 人减少到 2 人，降低了 4.7%。

在“离家或归来后是否和家长打招呼”这个问题上，不和家长打招呼的学生由 14 人降至 0 人。

在“自己想和某人说话，但此时他(她)正在与别人交谈，你的做法是什么”这个问题上，选择“直接打断先跟他(她)说自己的事”的学生由 62 人减少至 8 人，下降了 25.6%。

在对学生用餐情况的调查中，选择“自己先吃”的学生由原来的126人减少到6人，下降了56.9%。

在“接受别人赠予的物品”这个问题上，选择“双手接过并致谢”的学生由119人增加到207人，提高了41.7%。

经过文明礼仪教育的强化训练，学生在思想上对礼仪的实质有了更深刻的理解，最重要的是把礼仪落实到了平时的行动上，这是一个质的飞跃。

课例："重温传统·日常举礼"

授课教师：张雯雯

一、序　言

随着我国改革开放程度的提高，我们开始接触到国外的一些节日和风俗。有些学生对我国传统礼仪的理解不深刻。相反，他们对于外国的节日和习俗反应强烈，这不能不引起我们的思考。在此基础上，学校捕捉了这个大家熟知的民族传统文化点，开设了“日常举礼”校本课程，引导学生通过探寻，在生活中全面了解我国传统文化，学习我国传统礼仪，在活动中向学生渗透传统文化流失的危机感，让学生学习日常举礼，传承民族文化，从而提高人文素养，贯彻中小学生日常行为规范。

二、教学目标

1. 增进学生对我国传统日常礼仪的了解，增强学生的文化底蕴，提高学生的语文素养，培养学生的爱国情操。

2. 通过对我国传统文化的普及，让学生学会沟通、理解，提高学生的语言表达能力、创造思维能力和组织交流能力。

3. 通过亲自采访调查，了解人们的实际生活，增强社会参与意识及责任感。

4. 给学生提供一个张扬个性的平台，培养创造性的人格。

5. 开展“大手拉小手”德育活动，增进少先队之间的互动。

三、授课方式

1. 查资料(上网，查书、报纸、杂志)。

2. 调查、访问。

3. 亲身体验，形成文册，总结交流。

4. 以“大手拉小手”的形式，走进南锣鼓巷，向游客分发宣传材料并采访，向游客普及日常举礼等行为规范。

四、准备阶段

1. 让学生明确活动的内容——我国传统日常礼仪的宣传和普及。

2. 让学生明确活动的具体要求。

①自己动手，利用图书馆、网络、采访等渠道获取有关信息，并对信息进行归类整理。

②活动期间要有目的地进行亲身体验，并写出相应的心得体会。

③将自己的探寻成果创造性地展示出来。

3. 确定子主题。

围绕活动主题，学生自由交流想调查了解的具体内容：居家礼仪、在校礼仪、处事礼仪、会客礼仪、聚餐礼仪、对话礼仪。

4. 集体交流。

①学生之间分享自己学会并了解的日常礼仪。

②哪些你做到了？哪些你做得还不够好？

③今后努力的方向是什么？

④撰写采访稿。如果你到南锣鼓巷中去采访游客，你希望问他们哪些问题。

五、实践阶段

1. 南锣鼓巷综合实践活动。

二年级和五年级的学生，在教师的带领下，走进南锣鼓巷向游客分发宣传材料并采访。年龄较小的学生在哥哥姐姐的鼓励下，对游客进行日常举礼的普及和宣传。

2. 二年级召开“日常举礼在心中”主题班会。

3. 五年级写活动体会，班内分享心得。

第八章

时光正好，旅途还长——课程的未来展望

李老师、王老师、田老师，分别是综合实践活动、品德与社会、美术学科的教师，在平时工作中的交集也很少。在学校的推荐下，他们一起参加了东城区青少年学院组织的教师培训项目：中华优秀传统文化博物馆课程。在假期里，他们随团分别前往洛阳、南京和信阳，参观走访了各类博物馆，听博物馆老师授课，感受中华文明与中华优秀传统文化的魅力。在每个周五，他们还要调开自己的课，前往史家胡同小学、国家博物馆等地，学习博物馆课程的教学设计与课程开发，聆听课堂，讨论课程，并亲自设计课程。他们在众多的教师中脱颖而出，他们的课程设计案例全部入选国家博物馆编写的《博物馆课程优秀教学案例选编》一书。

这样的学习机会越来越多，学校也积极支持教师外出学习。由于学科教材的内容并没有发生太大的变化，因而这些学习不会对学科课堂产生较大的影响。所以，教师外出学习的目的，除了提升他们的教学技能之外，更多的是为未来的课程做准备。

时光正好，旅途还长，课程的未来在路上。

第一节　回望源头，汲取智慧营养

一、学校课程建设的回顾

在前面的七个章节中，我们梳理了课程在黑芝麻胡同小学的历史、发展体系及诸要素，回顾了学校在课程改革中所做的种种努力。表 8-1 为本书的章节关系。

表 8-1　本书的章节关系

课程由来	课程外部	课程内部	课程未来
大史观下的课程	课程与学校的关系	课程诸要素的关系	与时俱进的课程
学校与课程的历史	办学理念 课程体系	实施评价 师资建设 课程资源 特色课程	课程的收获与未来
第一章	第二、三章	第四、五、六、七章	第八章

胡同深处的黑芝麻胡同小学，以“国际视野，创造精神”为办学理念，始终坚持课程育人与教学改革，努力培养会学习、爱生活、能自主、敢创新的未来世界人。几年来，学校走出一条以课程建设为突破口，实现全面发展的道路。

在课程方面，学校以突破、引入、开发等多样化的方式，为学生提供了丰富的课程。2017 年，学校给学生提供近百门课程。学校将优秀课例刊登在相关教材上，并在全国展示。

在办学方面，学校在 2008 年成为综合实践活动学校、优质课程资源校、东城区文化建设示范校和北京市综合实践活动示范校。

在教师方面，他们以志愿者的身份参与课程改革实验，获得专业发展的平台，积累了丰富的课例等。2018 年上半年，学校在市区获奖 30

次，教师达300人次。

在学生方面，300多位学生获过奖，其个性才华得以培养和展示。

二、继续坚持特色课程的发展方向

从课程开发和管理的主体来看，基础教育课程体系大概存在三个水平：国家、地方和学校。校本课程是相对于国家课程和地方课程而言的，有广义和狭义之分。广义的校本课程是指学校所实施的全部课程，不但包括校本化处理的国家课程和地方课程，也包括学校自己设计、开发的带有本校文化"印记"的课程。不言而喻，狭义的校本课程就是专指学校自己设计、开发的课程，即"学校在实施好国家课程和地方课程的前提下，自己开发的适合本校实际的、具有学校自身特点的课程"①。

特色课程是个性化学习的全新渠道。特色课程是以学生的"特殊需求"为核心，是有独特的课程理念、目标、内容实施与评价方式的课程。一般地说，特色课程包括三个层面：从宏观上说，特色课程即学校的课程模式；从中观上说，特色课程即学科领域的课程集群；从微观上说，特色课程即有特点的校本课程。② 特色课程是地方或学校参照自己的教育思想和教育目标，根据自己的教育经验和课程能力等，在实践中逐渐形成和发展起来的具有一定特征和影响力的地方课程或校本课程。③ 在新的历史起点上，特色课程建设应该是教育创新的攻坚堡垒，是形成学校办学特色的根基和主渠道。特色课程在社会实践、人生体验、科普知识、传统文化、工艺制作、学科兴趣等诸多方面有广阔的发展平台。

---

① 许洁英：《国家课程、地方课程和校本课程的含义、目的及地位》，载《教育研究》，2005(8)。

② 邢至晖、韩立芬：《特色课程8问》，1、33页，上海，华东师范大学出版社，2013。

③ 何永红：《学校"特色课程"的定位及其发展策略》，载《教育科学研究》，2011(10)。

特色课程的“特”字体现在个性化学习上，所有特色课程具有同一个共性，即师生共同成长：学生由“要我们学”变为“我们选择，我们乐学”，教师由“让我们教”变为“我们选择，我们乐教”。特色课程绝不仅仅是对学校普通课程的一种补充。它最终将形成一套富有特色的学校课程体系，以此来扩大教育规模，提高教育质量，降低教育成本，促进高素质人才的培养。在此过程中，教师尤其需要更新知识结构，改善教学方法，提高特色课程的实施能力。

自信教育是既尊重人的共性，又尊重人的个性的教育，两者和谐统一，互为补充，共同支撑起一个充满自信的民族。尊重共性，是教育的核心价值追求，即所有学校都要按照国家的教育方针，把所有学生(无论有什么样的生存背景与个性)都培养为合格公民；尊重个性，是教育的附加价值追求，即所有学校都应该有特色，把生来就有差异的学生，培养成生动活泼的有个性的能持续发展的人。学校是承载自信教育的殿堂，学校进行自信教育的主渠道还是课堂。在新课程背景下，怎样在共性的课堂上体现个性化学习，对所有教师和学校管理者来说都是一个具有挑战性的课题。因此，充满自信的校长和教师去培养充满自信的学生的必经之路就是既要完成国家规定的基本课程，又要建设校本特色课程，实现个性化学习。

课程改革不是“拼盘游戏”，不是“化装舞会”，而是一场改变教育机会的变革。个性化学习是为了给每位学生提供发展的教育机会。长期、稳定的特色课程的建设，必然会引发学校文化的变革，引导学校形成自己的办学特色。

我国正站在新的历史起点上，教育面临加快提高民族素质、多渠道培养创新人才的新的历史使命，学校文化建设、办学特色建设、课程改革被摆在十分突出的位置。解决这三大课题的根基在于教育观念的更新，主渠道在于课堂，切入点在于特色课程的开发与建设。我们要打开新的眼界，站在新的高度，实现新的突破。

特色课程是学校特色彰显的主要途径。特色课程主要立足于补充和完善国家课程以知识为本位、发展学生整体素质的方法的不足，着重关注学生个体的主体性，培养学生多方面的兴趣、特长和创造力。它是以学生的需要为根本目标的，是以教师的自主为实施手段的，是以学校的特色发展为个性平台的。对校本课程及时有效地开发和应用应当成为新时期学校工作的核心内容，必然会为学校特色的创建和形成奠定深厚而长效的基础，是新时期能够真正体现学校特色的主要方面。

特色课程的开发是学校特色建设的优化提升方向。新课程改革的主要理念之一就是要求学校教育以学生为中心，切实关注学生的内在发展动力，将学生的需求作为各项课程实施的根本出发点。特色课程的开发正是以此为根本目标，它应该成为新时期学校教育最需要和最应具备的特色。所以学校在新的发展时期，要想持续保持人无我有、人有我优、人优我新的办学特色优势，其最重要的优化提升方向就是切实以学生的发展需求为根本，扎实有效地开发校本课程，满足学生的需求和社会的需要，努力紧跟这一教育发展的新方向、大趋势。

特色课程开发的进程与学校办学特色的形成在本质上是相互承接、互促共进的。就新课程发展的要求和趋势而言，课程发展将成为未来学校发展的动力和方向，学校的个性化、特色化也将主要体现在课程的品牌化、特色化上。那么作为彰显新时期学校办学特色的主要途径，特色课程及时有效地开发实施必然能够进一步促进学校特色的持续优化提升。学校办学特色不断优化提升、与时俱进的内在需求又迫切要求学校进一步深入研究社情、校情和生情，加快特色课程开发的进度和力度。从这一意义上说，特色课程和学校办学特色在本质上都指向教育的个性化和特色化，是相互承接，也是完全能够互促共进的。

特色课程的开发，从切实提高学生的素养出发，实现学生的个性发展；教师挖掘各类课程要素，提出各类课程目标，追求课堂教学的有效性和感染性，最终掌握科学的育人方法，并形成自己的教育教学风格，实现自我发展；学校完善办学理念，改革自身的管理，促进办学特色的形成，为自身的可持续发展注入活力，全面推进素质教育。

第二节　面向未来，思考使命担当

一、未来教育研究的新变化

课程是纽带，连接起学校、教师和学生，约束和引领着发展的方向。通过对课程的历史与现实的探索，我们掌握了一些方法，取得了一些成绩，但更多的是对未来责任的思考。

课程改革每一天都在发生。教师根据学生的特点所做的调整，学生在课堂上所迸发的火花，都是这个变革的一部分。

黑芝麻胡同小学最近的一次大规模课程改革发生在2016年。根据学校的新变化，我们将学生的特点与校区的特点相结合，按照低段、中段、高段不同的要求进行整体的部署。

由此上溯到20世纪末，黑芝麻胡同小学的校本课程从无到有，从有到日渐丰富的变革经历仍然历历在目。

再由此上溯到17世纪中叶，我国传统教育中的“课”演变成国际化科学的“课程”。从稚嫩的模仿到自己标准的诞生，黑芝麻胡同小学是见证者，也是参与者。

每一次教育的变革从课程开始，至课程结束。

每一次时代的变化从教育开始，至教育结束。

当课程与这个时代的属性紧紧相连时，我们发现，我们又回到了原点，需要再次出发。当课程的供给不成问题的时候，按照未来与学生的需要进行供给侧改革已经势在必行。供给侧改革不仅是个经济学术语，而且也让教育人从中看到了行动的力量。

(一)从素质教育到素养教育

素质这个词一直在提，内涵也在随着时代发生变化。21世纪，素质教育的内涵正在变得日益清晰，细化为各种核心素养。核心素养，主要指学生应具备的能够适应终身发展和社会发展需要的必备品格和关键能力。

学生面对自身的发展与社会的发展，他们需要的必备品格与关键能力，也应该有个性不同的表达。我们应该根据学校生活的实际，制订更符合他们需要的核心素养发展计划。为此，在原有育人目标的基础上，我们进行了细化。

文化基础是学校课程的基础内容。我们的教育目标，更多地呈现的是基于文化基础的上位思考。我们的培养目标，更多地指向自主发展与社会参与所需要的能力。文化基础被细化到四大素养目标之中。

这样的细化，既丰富了育人目标，符合国家标准，又让我们的目标有个性。

(二)从粗放到精准化

与此同时，精准的理念也悄悄改变着我们的课程观：内容精准，目标精准，对象精准。

过去，我们常常认为开展评价有困难，诊断性评价与表现性评价互有长短，却又难以弥合整个课堂。对课程的精准化要求，让我们发现了评价之道：由源头开始制定评价标准。

格兰特(Grant)和杰伊(Jay)在《追求理解的教学设计》中提出，以学会为目标的教学设计，在目标设计上就贯彻了有证据、可评价的思想。也就是说，目标的精准设计可以解决评价问题。他们继续列出了六大评价目标。

这给我们未来的教学改革之路，点亮了一崭新灯。

对“学会”的理解的深入，也使教学设计的撰写发生了从教案到学案再到学历案的变化。图8-1为学校的教学设计示意图。

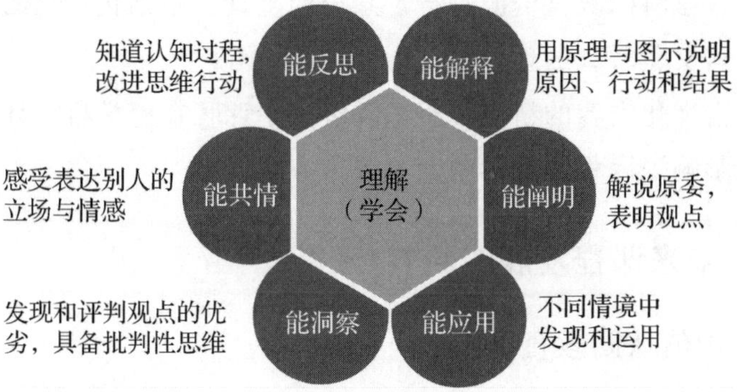

图 8-1　学校的教学设计示意图

1. 利用教育改革的机会，使课程目标精准化

2016 年，黑芝麻胡同小学与织染局小学联合，成为黑芝麻胡同小学优质教育资源带。这是东城区教育改革的新举措，也是黑芝麻胡同小学面临的新机遇、新挑战。我们将各校区进行重新规划，对各校区的课程进行精细化设置，更适合各校区学生的年龄特点和校区文化特点。

紧邻玉河南段的织染局校区成为低年级部，开展以“培养行为习惯、热爱生活”为主题的学生活动。中年级段所在的前圆恩寺校区，是 300 年历史的老校园，开展以“热爱学校、自主自立”为主题的学生活动。高年级段所在的黑芝麻校区，是学校的主校区，有着丰富的人文历史与教育荣光，开展以“有理想、会创新”为主题的学生活动，开展创新思维、传承文化等活动。

2. 阅读课程中的精准化尝试

让学生爱上阅读，虽然是一个长期以来我们一直提到的目标，但也是一个长期未被精细化开垦的领域。我们将进行精细化梳理，从方法到实践，让我们的书香校园课程更加有的放矢。我们先按照各校区的特点与学龄目标要求配备图书，然后在阅读的教学与活动规范上进一步细化。这将使我们的阅读课程更加丰富多彩，使学生收获更多的方法与知识。

3. 故宫课程中的精准化尝试

在以故宫文化为基础的“紫禁城是我的邻居”课程的开发过程中，我们将小学各学科的故宫资源进行了系统的整理。精细化梳理的结果，让我们对故宫文化教育的理念与目标充满了信心。

对故宫文化内容的精准分析，既解决了课程在跨学科设计中的内容问题，也影响了课程的目标制定与评价方案。

二、未来课程发展的新趋势

(一)价值认同教育

在新时代全国教育大会上，习近平总书记发表重要讲话，指出："培养什么人，是教育的首要问题。我国是中国共产党领导的社会主义国家，这就决定了我们的教育必须把培养社会主义建设者和接班人作为根本任务，培养一代又一代拥护中国共产党领导和我国社会主义制度、立志为中国特色社会主义奋斗终身的有用人才。这是教育工作的根本任务，也是教育现代化的方向目标。"

价值认同教育，是要培养青少年对党和国家的朴素情感、对社会主义核心价值观的认同遵守与对中华文明的文脉传承。这将是新时代教育的长期任务。教育工作者本着对党和国家负责的精神，要给予探索与回答。

价值认同教育不是让学生会喊口号，能背诵知识点，而是要内化为学生应对未来的行动准则。作为教育工作者，我们严格管理课程资源，确保课程经得起时代的考验：我们的校史课程，在讲述学校百年校史的同时，注意收集学校在不同时代的发展变化，用真实的文物唤起学生歌咏新时代的热情；我们的胡同课程，让学生行走在胡同之中，切身感受时代变迁带来的好处。我们还要继续探索价值认同教育的方法和途径，在每一门课程中加以贯彻。

(二)综合实践活动

综合实践活动基于学生的直接经验，密切联系学生自身的生活，注重对知识的综合运用。作为实践性课程，它以综合性、开放性、自主性引发我们的关注。

2017年10月，教育部出台《中小学综合实践活动课程指导纲要》，从价值体认、责任担当、问题解决和创意物化四个方面制定了详细的目标。这让我们的课程视野更加广阔。随着综合实践活动的深入开展，我们认识到学科实践不是综合实践；课程整合不是综合实践；主题课程也不是综合实践，但是它们又都可以成为综合实践。综合实践活动，要求学生能够通过探究、服务、制作、体验等方式，从个体生活、社会生活及与大自然的接触中获得丰富的实践经验，形成并逐步提升对自然、社会和自我内在联系的整体认识，具有价值体认、责任担当、问题解决、创意物化等方面的意识和能力。

这样的课程体现了未来课程发展的理念，必将成为新课程开发的热点与主流。

(三)国际化课程

国际化课程是一段时间以来人们讨论的热点话题。国际化课程要培养能够参与国际事务、通晓国际规则的国际化人才。国际化的本质是拥有国际视野——这是学校的办学理念。所以我们更有责任和条件对此做出探索，寻找自己的答案。我们应该开发有国际视野的本土化课程，培养国际化人才。

前期，我们对借鉴的国际化课程进行监督、调控、改造和融合，将国际化课程逐渐变为更符合学生需求的本土化课程。将来，我们要挖掘本土化课程中符合国际素养的核心内容，以更具文化自信和道路自信的方式，讲述中国故事，实施中国课程，培养国际化人才。

第三节　愿托乔木，讲述时代故事

中国特色社会主义进入新时代，我们在这条道路上更加自立、自强、自信。我们相信中华民族的伟大复兴，关键靠人才，基础在教育。

“丝萝非独生，愿托乔木”。

这不仅是红拂女对李靖的深情表白，而且是教育者对时代的深情表白。教育只有依附于时代，与时俱进，才能够发展，才能够引领未来的变革，不付时代的重托。

未来不远，就在眼前。胡同深处的黑芝麻胡同小学，历经百年的兴衰荣辱，见证沧桑风雨彩虹。我们愿与这伟大的时代俱进。唯有如此，我们的课程才会更有活力。我们已经开始了面向未来的课程变革。但它只是个开始，远未结束。我们愿与大家分享我们未完成的课程故事，与大家一道继续奋进。

一、博物馆课程

博物馆是学生走出学校后的重要教育场所。对它的教学研究正在走进学校。学校以地域资源为基础，做出了有益的尝试。

我们将南锣鼓巷胡同文化作为一所开放的博物馆，通过扑克牌、学习单等喜闻乐见的形式，引领学生走进这座活的博物馆，发现北京的变化，发现传统文化之美，发现现代文明之美。我们把校史馆建成校内的博物馆，与周边的国子监、钟鼓楼、时间博物馆、故宫博物院，形成博物馆教育场，发挥对学生的影响力和教育力。

二、家长课程

《国家中长期教育改革和发展规划纲要(2010—2020年)》指出，教育“寄托着亿万家庭对美好生活的期盼”。学校不再躲在象牙塔里，而是与家庭、社会的联系越加紧密。学校与家庭间的顺畅合作越来越重要。为此，我们开办线上、线下的家长学校，以经验共享促家校共进。

2015年，学校积极参与了网上学校的相关实验研究。针对二年级“我们是班级和家庭中的一员”这个主题，学校用70个真实的小案例，加上教师精彩的点评支着，为即将成为二年级的学生的家长献上了一份特别的开学礼物，受到了他们的欢迎与认可。在此过程中，参加实验的教师、家长也都得到了培养和锻炼。

2016年暑期，学校再次成为“家长慕课学院——互联网＋时代家庭教育指导模式的创新实践”课题研究成员。我们重组团队、重设方案，选派德育干部、骨干教师、优秀青年教师、家长代表组成研究团队，从剖析破解研究主题、精心设计单元内容，到用心撰写慕课脚本、认真录制课程视频、成功上传课程资料。我们的课程，以四年级的“您的学生会学习吗”为主题，分别从学校、家庭、社会和新媒体四个方面，为家长拓宽思路，启迪家庭教育的方法和智慧。未来，我们将把家长课程以线上和线下相结合的方式，推广到全校，让更多的学生受益。

三、价值观课程

党的十八大提出，倡导富强、民主、文明、和谐，倡导自由、平等、公正、法治，倡导爱国、敬业、诚信、友善，积极培育和践行社会主义核心价值观。富强、民主、文明、和谐是国家层面的价值目标，自由、平等、公正、法治是社会层面的价值取向，爱国、敬业、诚信、友善是公民个人层面的价值准则。落实社会主义核心价值观，是教育的重要主题。学校要通过吸收地域文化成果的方式，对学生进行优秀传统文化的教育。首批名人故事中的价值观教育成果如表8-2所示。我们将通过微课程、项目学习、场馆学习的方式，追求价值观的入脑入心。

表8-2　首批名人故事中的价值观教育成果

单元	人物故事	社会主义核心价值观
坚定理想信念	和平奋斗救中国(孙中山)	富强、民主
	勤工俭学立志向(毛泽东)	爱国
	一心跟党走正道(马叙伦)	民主、自由、公正
	三进三出要改革(邓小平)	富强、文明
	红星照我去战斗(蒲文清)	爱国、敬业、和谐

续表

单元	人物故事	社会主义核心价值观
激发爱国情怀	留取丹心照汗青(文天祥)	爱国
	见证一统福祥寺(福祥寺)	民主、和谐
	以卵击石成名将(僧格林沁)	富强、爱国
	谱写时代主旋律(施光南)	爱国、敬业
	陈嘉庚病逝北京(陈嘉庚)	爱国、诚信
弘扬敬业精神	吴祭酒掘地搜碑(吴苑)	敬业
	只为中国有铁路(詹天佑)	爱国、敬业
	走遍中国求古史(裴文中)	爱国、敬业
	保护妇幼一生情(杨崇瑞)	爱国、敬业、友善
	为百姓大材小用(吴良镛)	爱国、平等、和谐、公正
树立文化自信	皓首穷经为传承(蒋衡)	文明、爱国
	为中国保存文化(郑振铎)	爱国、文明、敬业、诚信
	一生著述北京通(金受申)	爱国、文明、敬业、友善
	中医院前世今生(北京中医院)	敬业、诚信、友善
	北京文化金名片(玉河今昔)	爱国、和谐

四、游学课程

2016年11月，教育部等11个部门印发的《关于推进中小学生研学旅行的意见》提出，要将研学旅行纳入中小学教育教学计划。各中小学要结合当地实际，把研学旅行纳入学校教育教学计划，与综合实践活动课程统筹考虑，促进研学旅行和学校课程的有机融合。学校以“国际视野，创造精神”为办学理念，培养国际化人才。在东城区青少年国际教育学院的支持下，学校为学生搭设走出去的平台，开展游学项目。学校积累了多年的游学课程经验，出版了《小芝麻走世界》，开展课程实施与评价的探索。未来，我们将在课程实施与评价领域做出更多的探索。附录为“小芝麻走世界”校本课程指导纲要。

五、运河课程

2017 年 9 月，北京市发布的《北京城市总体规划(2016—2035 年)》提出，推进大运河文化带、长城文化带、西山永定河文化带的保护利用。学校即处于大运河文化带上。学区内的玉河是元代大运河重要的水利工程，由郭守敬设计施工，是京杭大运河进入北京皇城的最后一公里。它是北京中心区的一条玉带，联结着胡同与皇城；它是北京的一条玉带，联结着北京到杭州的大运河；它是纵贯中国东部的玉带，联结着首都与世界文明。

2019 年 4 月，学校依托北京青少年科技创新学院，成立"探寻玉带文化"协作体，与北京运河沿线的学校一起，探索在学校中开展大运河文化教育、京味文化教育和中华优秀传统文化教育之路。探寻玉带文化，既是探寻北京文化的内涵，也是探寻大运河文化的内涵，更是探寻"一带一路"的先进文化内涵。我们希望，探寻玉带文化，最终能让运河成为教育者与学生沟通的一条玉带，让北京的文化基因、中华优秀传统文化的自豪感在学生的心中扎根，让学生浸润其中，学习、传承、担当、创新、发展。

在多年资源积累的基础上，学校构建了四个模块三个层次的内容体系。学生在学习中感受到运河与自己的亲近，自觉自愿地热爱运河文化，传承中华优秀传统文化。表 8-3、表 8-4、表 8-5、表 8-6 分别为运河课程的内容设计、活动设计、价值观教育、学习方式。

表 8-3 运河课程的内容设计

模块	玉河	北京	中国
品物	遗迹	建筑	城市
历史	功能	水系	风景
人物	设计师	居民	名人
文化	传说	曲艺	非遗

表 8-4　运河课程的活动设计

模块	玉河	北京	中国
品物	调研	参观	资料收集
历史	摄影	制订计划	游学
人物	表演	导游	故事会
文化	问卷	文创	倡议

表 8-5　运河课程的价值观教育

模块	玉河	北京	中国
品物	关爱	友善	爱国
历史	珍惜	爱亲	和谐
人物	敬业	报国	友善
文化	梦想	尊重	责任

表 8-6　运河课程的学习方式

项目学习	四大模块的学习材料
场馆学习	国家博物馆、首都博物馆、故宫博物院、郭守敬纪念馆、通州运河博物馆、古代建筑博物馆、东城区非遗博物馆、史家胡同博物馆、南水北调纪念碑、城市规划馆、湖广会馆京剧博物馆、北京石刻艺术馆、北京艺术博物馆
媒介学习	《大运河》等影片
游学研学	运河沿线游学、运河沿线城市博物馆

课程给了我们一双眼睛，让我们看得更远。我们相信，未来的探索不止于上述这些课程项目的开展，只要与时代同呼吸，我们的改革路就会越走越宽。课程给了我们力量，让我们的脚步走得更加坚定。我们相信，前面的成绩只属于过去，未来我们会得到更多。课程给了我们自信，让我们沿着创造教育的路继续前行。我们相信，未来不远，就在脚下，更加广阔的天地，等着我们去开垦。

附 录

FULU

“小芝麻走世界”校本课程指导纲要

一、课程性质

人在领略大千世界的同时，思维、观念会自然而然地随之转变，这也是读万卷书、行万里路的意义所在。2016 年年底，教育部等 11 个部门印发的《关于推进中小学生研学旅行的意见》提出，要将研学旅行纳入中小学教育教学计划。各中小学要结合当地实际，把研学旅行纳入学校教育教学计划，与综合实践活动课程统筹考虑，促进研学旅行和学校课程的有机融合。

基于对新旅游观念的认识和研学旅行的广泛开展，学校以“国际视野，创造精神”的办学理念为引领，从学生的成长需求出发，为学生量身定制了“小芝麻走世界”课程，旨在为他们走世界之行奠定基础。同时学校整合国际课程资源和多年来本校师生游学的丰富经验，开发了研学旅行校本课程。学生通过课堂学习、探究、游学实践、表达等方式了解世界、感受游学。

二、课程目标

学生通过学习、实践、分享，深入了解旅行与研学，在交流与实践中提高语言能力，培养自我意识和团队协作能力，提高社会责任感和创新精神。

三、课程内容与教法

研学旅行课程是通过让学生自主选定旅行主题、参与活动计划与组织管理，在自然和社会生活中亲自体验与感悟，从而丰富学习内容、提升学习效果的体验式课程。研学旅行课程对于学生认知能力的提升、情感体验的丰富、价值观念的构建和主体性的形成有着重要的教育价值。该课程关注知行合一、回归生活世界和注重综合学习的理念。

“小芝麻走世界”校本课程服务于学校的研学旅行，同时也是研学旅行的总结与提炼。学校利用校本课程的形式将游学知识普及每一位学生。

校本课程重视拓宽学生认知的广度，提升其深度认知能力。旅游本身就是个极其丰富的内容，同时需要做到学习，对于小学生来说需要相对大量的知识与技能。校本课程能为学生提供适量的学习材料并引导他们学会高效吸收与使用，增强他们的知识加工能力。

学校倡导培养学生的整体性思维。研学旅行的过程是全身心投入的过程，用脚丈量世界，用身体感受文化。“小芝麻走世界”校本课程采用调动身心的教学方法，需要学生手脑并用，真正做到用心去感悟、动手去操作、动脑去思考。它不仅包含了逻辑思维等的培养，而且融入了情感体验与兴趣的养成等，从而使学生达到多种感官同时使用的境界，形成微缩体验游学的课程。

同时，校本课程应增强学生个体的情感体验，让学生形成正确的价值观念。校本课程的学习不同于课堂上的学习，它会带给学生更多不一样的新奇体验。因此，学生能够受到丰富的情感熏陶，如师生交流、生生交流和审美教育、价值观教育等。

教学内容分为如下 4 个模块。

一是行前准备、必备资料。学生将学习到如何做正确的旅游准备，学习完善自己的生活技能和心理准备。

二是各国家的概况。学生将深入了解学校曾游学过的 8 个国家，普及文化差异等知识。

三是语言提升。学生将锻炼实用的外语能力，并通过众多的情景带入激发创新能力与沟通能力。

四是学习分享。学生将分组利用综合知识制作一套完整的攻略，自行设计游学英语小品等多种记录展示形式。

四、课程资源开发与实施管理

在外事干部的带领下，学校英语、品德与社会、综合实践活动等教师共同参与编写《小芝麻走世界》，并根据近年来学校游学经验开发有针对性的游学课程；学校按照科研的要求进行管理。

五、课程评价

学生利用教材进行学习评价，并分组收集信息制作一套完整的攻略，自行设计游学英语小品等多种记录展示形式。

有条件的学生随学校参加游学实践，领悟研学旅行的真正意义，分组对全校师生做“远足回眸”展示活动。下表为游学课程评价表。

游学课程评价表

评价项目	评价内容	评价标准描述	评价结果
情感态度	主观意愿	喜欢故宫课程，每次都积极参与，学习知识，完成任务	☆☆☆☆
	克服困难	遇到困难时，能够坚持，不怕辛苦，主动想办法	☆☆☆☆
	身边同学	身边同学也很喜欢故宫课程	☆☆☆☆
团队交流	团队合作	能够与其他队员合作，交流想法，合理分工，并负责任地完成自己的工作	☆☆☆☆
	交流表达	在课上与活动中能够积极和正确地表达自己的想法	☆☆☆☆

续表

评价项目	评价内容	评价标准描述	评价结果
课程内容	全面丰富	通过课程，了解了故宫的方方面面，愿意继续探索	☆☆☆☆
	活动设计	喜欢其中的各种活动，愿意参与	☆☆☆☆
	课件视频	课件很美，视频有趣	☆☆☆☆
探究实践	活动准备	能收集到与问题相关的资料，并进行整理与分析	☆☆☆☆
	活动过程	能够顺利完成任务	☆☆☆☆
	活动成果	能够展示自己的成果，对自己的展示效果很满意	☆☆☆☆
需要说明的意见和建议			
评星说明	☆☆☆☆　我们都做到了，并且可以举出事例。 ☆☆☆　我们感觉做得还可以，但是说不出什么。 ☆☆　我们想努力这样做，但有疏忽和没有做到的情况。 ☆　我们还有很多没有做到，我们会朝着这个目标努力。		

后记

HOUJI

“片言苟会心，掩卷忽而笑。”

这本书虽然汇聚了我们所能奉献的全部智慧与努力，但我们总是担心，传达的文字未必完美。

一路前行，我们搜集、整理、留下了我们旅程的足迹，却总是担心不能写出我们激动人心的探索。

让创造像呼吸一样自然，是我们的教育信仰与追求，也是我们课程改革的起点与归宿。

我们希望，您能在我们的故事里，发现自己前行的启迪，激励更伟大的创造。

陶行知说：“歌唱现代的创造，创造到无穷的将来。”我们的这本书就是歌唱现在的创造。我们会沿着这条路，继续创造到无穷的将来。

在创造的旅途上，在更美的风景中，我们再见。